東大現役合格→トップ成績で医学部に進学した僕の超戦略的勉強法

宇佐見天彗
＋
PASSLABO
（協力）

KADOKAWA

はじめに

「超戦略的勉強法」は、僕の人生を劇的に変えてくれた希望の光

２０１１年、高校1年生の夏。香川県の高校に通っていた僕は、日本一の「東京大学」を目指すことを決意しました。『ドラゴン桜』（三田紀房）という漫画がきっかけでしたが、高校入学時は最下位の成績、何の才能も取り柄もなかった当時の僕にとって、間違いなく人生最大の決断でした。

東京大学、それは田舎で育った僕にとって憧れそのもの。日本一の仲間と切磋琢磨できる最高の環境は、まさに自分の人生を１８０度変え、将来の選択肢を大きく広げてくれるプラチナチケットでした。

なんとしてでも東大に現役合格したかった。
本気で人生を変えたかった。

しかしその直後、僕は恐ろしい現実を知ることになります。

「地方から東大に現役合格する人は、ほんの一握りしかいない」

「目指すとしても、浪人前提で考えなさい」

周りの大人や友達から「お前には無理だ」というレッテルを貼られたのです。

都会の進学校と比べて地方の高校生には大きなハンデがある。成績状況や学校の進度、周りに大手予備校がない環境、相談できる先輩や知り合いもいない。過去の実績を見ても、東大に現役合格できるのはわずか1桁という疑いようのない事実があり、地方に生まれた僕にとって、そのハンデは受け入れるしかない「暗黙の了解」でした。

もともと僕は誰よりも真面目で、学校や塾の宿題は欠かさず行い、定期テストの勉強も真剣にやっていた。それなのに中学生の頃は国語で120位中118位、高校入学時は最下位の成績。そんな状況から東大に現役合格できるなんて、誰一人として期待していませんでした。

それから2年後、奇跡が起きました。

僕は高校内で学年1位を取り、東京大学に現役合格。さらに入学後、理科二類から東大医学部医学科にTOP10以内の成績で進学しました。これは理科三類に合格するより難しいと言われています。

何の才能も持たず、地方高校の最下位というハンデを背負っていた僕が、なぜ東大に現役合格できたのか。

その答えこそが、本書のテーマである**「超戦略的勉強法」**です。

僕は東大に入学後も「地方と都会の教育格差をなくしたい」という思いから、まずは様々な教育事業に携わりたいと考え、集団指導、個別指導、家庭教師、添削業務などを行ってきました。

そして現在は「PASSLABO in 東大医学部発『朝10分』の受験勉強cafe」というYouTubeチャンネルを作成し、同じ理念を持ったメンバー3人と、動画やイベントを通して全国の高校生に向けて情報発信をしています。

メンバーの中には2浪して、東大に1点足りずに不合格、苦汁をなめた自分の経験を、受験生に反面教師にしてほしいという人もいます（第1章の「不合格体験記」で詳しく語られています）。

僕の受験経験や、YouTubeを通して全国の受験生と関わってきた中で気づいたこと。それは**「正しい情報と戦略を持てば、人は誰だって平等に挑戦できる」**ということです。

つまり僕が高校生の時に、周りに言われて信じていた「暗黙の了解」は間違っていた、このことに僕は受験を終えてから初めて気づいたのです。

確かに都会の進学校と比べてハンデがあります。しかし本当に僕たちが伝えなければいけないメッセージは、**「お前には無理だ」という言葉ではなく、戦略を持って主体的に行動できる人は、周りの意見に左右されず、大きな夢や目標に向かって挑戦を楽しめる、という真実です。**

だからこそ僕たちには、昔の僕と同じような悩みを持った地方の高校生や、都会でも進学校ではない子たちでも、どんな環境であれ、志望校現役合格という目標は全くもって不可能ではないことを伝える使命があります。

本書は、ＹｏｕＴｕｂｅチャンネルで一緒に活動をしている、ＰＡＳＳＬＡＢＯメンバーにも協力してもらいながら、「超戦略的勉強法」の全てを書きました。

本書をきっかけに、ぜひ人生の選択肢を広げられる挑戦をしてほしいのです。

もしも今、あなたがどうしても達成したい夢や目標があるのなら、どんなに周りから反対されても、簡単に諦めないでほしい。どうしても叶えたくて、必死にもがいているのなら、ぜひこの本を参考にしてください。「超戦略的勉強法」は、決して難しいものではありません。これからは周りの意見に流されて、夢や目標を持たずに、レールの敷かれた人生を歩むのではなく、夢や目標に向かって挑戦し、その楽しさを存分に味わってほしいと思います。

大丈夫。必要な情報と戦略は、この本に全て載せました。

この本があなたにとって「希望の光」になりますように。

宇佐見天彗《すばる》

第1章

勉強に本気になる！モチベーション徹底攻略

第2章

誰も教えてくれない受験のリアル

第3章 勉強の3原則は「目標×戦略×データ分析」

第4章 合格に近づく受験生活のポイント

第5章

〈教科別〉超戦略的勉強法

PASSLABO　メンバー紹介

宇佐見天彗（うさみ・すばる）

香川県生まれ。県立高松高校出身。入学時の成績は学年最下位だったが、戦略を立てて勉強した結果、みるみる成績が上がり、東京大学理科二類に現役合格。入学後は成績 TOP10 以内に入り、進学振り分け（通称：進振り）で東大医学部医学科に進学。2020 年 3 月卒業。

くぁない

勉強とは無縁のスポーツ高出身。中学の頃は公立校で学年ビリを取るほどの実力であったが、高校で部活をやめると共に受験を志す。現役の頃に明治大学受験に失敗し、浪人して早稲田大学商学部に合格。

あいだまん

高1で参加したシンガポール研修をきっかけに、日本の大学受験を改革したいと思い、東大理科一類に現役合格して教育学部へ進学。得意科目は英語と理科。体育は苦手。趣味は歌と小説を書くこと。

くまたん

東大文一を目指し2浪。2浪目は1点差で不合格になり、最終的に中央大学法学部に進学。浪人中に教育に関心を持ち、現在の夢は、教育格差を是正し、学びたい人が自由に学べる環境を作ること。

カバーデザイン：西垂水敦・市川さつき（krran）
本文デザイン・DTP：Isshiki（戸塚みゆき）
校正：鷗来堂
撮影：小林祐美
編集協力：深谷恵美

第1章

勉強に本気になる！
モチベーション
徹底攻略

I

モチベーションは合格への原動力

PASSLABOとして初めての出版！

まさか人生で出版に関わるとはねー。YouTubeチャンネルを始めた当初からは信じられない。

さて、最初に何について話すか悩んだんだけど。

やっぱりお昼ご飯を何にするかですかね？

さっき食べたばっかりです（笑）。

くまたん正解！　まずはモチベーションについて話すんですよね、宇佐見さん。

そうやけど、全然正解じゃないし。あと、宇佐見さんなんていつも呼ばないやん（笑）。

本だから、ちゃんとしなきゃと思っているんじゃないですか？（笑）。

なんでモチベーションの話からするんですか？

やっぱり勉強を継続させる上で一番重要なのは、原動力になるモチベーションだと思うんよね。車も走るためにはガソリンとか電気とかのエネルギーが必要やん。

非常に普通のたとえですな。

やめてくれ（笑）。ちなみにあいだまんはモチベーション下がった時どうしてた？

志望校が東大だったので、東大のことを調べてました。東大生のツイッターをフォローして、入学後の内部情報みたいなのも仕入れてましたね。

あいだまんもそういうことするんだね。意外！

キャンパスライフのイメージはできたし、実際にモチベーションは上がりましたよ！

それにスパイみたいで楽しそうですね。

スパイかどうかは置いといて、実際に行動してモチベーション高めるのは大事だよね。

つまりこの章ではそういう話をするということですね！　それでは、宇佐見天彗で、第1章です。どうぞ！

歌番組みたいな導入ですね（笑）。

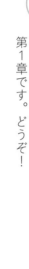

モチベーションの正体

そもそもモチベーションってなんでしょうか？　もし、みなさんが小さい子どもに「モチベーションってなあに？」と聞かれたらどう答えますか？

一般的に、モチベーションは「やる気」と同じ意味合いと言われているのですが、僕の中ではどうもこの変換は腑に落ちません。モチベーション＝やる気で片付けるのは、短絡的に感じてしまうのです。

そこで、僕の中でモチベーションを別の言葉に置き換えてみました。

モチベーションとは**「目的を達成する欲求を満たしたいと思う、その度合い」**です。モチベーションが高いとは欲求を満たしたいと強く思っている状態であり、低い場合はその逆です。

モチベーションは「目的への求心力」とも言い換えられるでしょう。少しニュアンスはズレるかもしれませんが、スポーツで「ハングリー精神がある」と言われる人もモチベーション維持に長けている人だと僕は思っています。

さらにもう一段階、具体的なレベルに掘り下げると、モチベーションとは**「どれだけその必要性を感じるのか」**ということです。ここに勉強を継続的に行うヒントがあります。

どれだけ自己暗示的に「やらなければいけない」と思ったところで、本当に自分がその必要性を感じていなければ継続することは難しいですよね。

僕は一時期プログラミングを勉強したことがありましたが、1週間も続きませんでした。どうしてもやらなければいけない理由がなかったからです。始めた時には、「うおー、やってやろう」とやる気に満ちていたのですが、徐々にその熱も冷めていき、結局何も作ることができませんでした。

僕自身の経験からも、それを行う「必要性」を感じていなければ、続けることはやっぱり難しいと思います。

みなさんも何かを始めようとして挫折した経験があると思うのですが、それは結局やらなくてもよかったことではないですか？

僕が今までやめてしまったことも、やめたからといって自分に嫌な影響が出たかと言えば、そうではないものしかありません。僕は広く浅くいろいろなことに首をつっこみ（浅すぎる、とよく言われるのですが）、サッカーも一時期かじった程度にやっていました。でも、すぐにやめてしまいました。

僕自身、受験は成功できた唯一の経験なのです。その理由は、紛れもなく受験だけは「必要性」を感じることができたからです。

プロのスポーツ選手が練習を貪欲に継続できるのは「やらないと食べていけない」「ライバルに負けてしまう」などと練習をする必要性を感じているからではないでしょうか。

必要性の理由が多ければ多いほど、やらないといけない「義務」に近づくように感じます。

つまり、勉強のモチベーションとは、どれだけみなさんが受験に対して必要性を感じているか、です。ここからは**「モチベーション＝必要性」**と捉えてお話ししていきます。

どれだけ勉強の必要性を感じるか

あまり気乗りしないことをしている時は、どこか根性比べのように感じてしまいませんか？

それがまさしく、「必要性」を感じていない証拠だと僕は思っています。受験しようとは思っているが、あまり勉強が手につかない人はできるだけ早く「必要性」を確認することが大事です。

僕がなぜ勉強を継続的にできたか、ということを振り返ってみます。

僕が東大受験を決めたきっかけは漫画『ドラゴン桜』でした。ただ、おそらくそれだけでは、一時的には勉強はできても、それを継続することは難しかったのではないかと思っています。『ドラゴン桜』を読んで、その後すぐに塾に通い、そして仲間ができたことが、僕が継続して勉強をする理由に変わっていったのです。

僕の家庭はそんなに裕福ではありません。母は僕が塾に通うためにパートを始めました。それで僕が勉強せずに遊んでばかりだと、母の苦労が無駄になってしまいます。

何より、勉強する仲間といることで、「負けていられない」「この友達よりも勉強時間で劣ってしまったら東大に受かることはできない」という闘志が生まれました。そして一緒に励まし合い、時には弛んでしまう気持ちを引っ張り合える関係は、僕が勉強をサボることを阻止してくれていたのです。

意志やその時々の気持ち任せにしてしまうと、どうしても自分に負けてしまいやすくなります。僕は自分の意志が弱いことを知っているので、気持ちだけで何とかしようとする計画は絶対に組みません。

「やらなければいけない環境」を作り、それを「勉強をしなければいけない必要性」に昇華していきます。僕の場合も、次第に勉強をやらないという選択肢は頭から消えて、仲間がいない環境下でも勉強するようになっていきました。

思考というのは行動よりも不安定で、思考や意志を頼りにしても習慣化するのは難しい傾向があります。ですから、まずは行動（環境作り）から変えていき、その後に思考（必要性）が追いつくようにしていくことが得策です。


勉強する日はガツッと勉強するものの、一方であまり手につかない日もある、というムラを感じている人の場合は、「受験をする必要性」を感じることができていない可能性が高いです。**受験をする必要性は自分で作ることができます。**友達を巻き込んで勉強する、塾に通う、他にも選択肢はあると思いますが、とにかく環境先行型で行動に移してみて、その過程で受験をする必要性を見つけていきましょう。

一人になってはいけない

勉強は一人でするもの、という意見も分かります。確かに、最終的には受験は個人戦です。

でも僕は、仲間はやっぱり大切だと強調します。特に、モチベーションの枠でこれを語ることには大きな意味を感じています。

ＰＡＳＳＬＡＢＯが発足する前、僕らは困っている受験生に片っ端からアドバイスやサポートをしていました。当時、質問の内容はモチベーションややる気の類が圧倒的に多かったです。生徒たちは僕らと話した時には「頑張ります」と意気込むのですが、やはり少し時間が空いてしまうと、同じ悩みが再発してしまう様子でした。

そこで、周りに競い合える友達や励まし合う仲間を作ることを最初に説くようにしました。以後は、モチベーションややる気の類のサポートは激減したのです。

スランプの時にも、仲間がいるだけで精神的にも安定しやすいと思います。

仲間やライバルがいないとモチベーションの維持は難しいです。仲間は、友達だけでなく、先生という場合もあるでしょう。

人間なら誰しも自分がやっていることに意味を持たせたいと思うものです。自分のやっていることを誰にも見てもらえないと、やっていることが無駄に思えてしまいます。

その日の勉強内容を共有することは知識を共有しているようでいて、実際には仲間意識の共有をし、日々の学習にやりがいを感じる効果のほうが大きいのです。

そしてそのやりがいは、やがてモチベーションや継続性に変わっていきます。

もし、そういう環境を作るのが難しい状況であれば、ツイッターなどで勉強報告をし合える友達を作ることをおすすめします。

受験勉強は亀タイプでいこう

モチベーションについて考えていたら「ウサギと亀」の昔話が頭をよぎりました（笑）。ウサギと亀がレースをして、圧倒的に速いウサギはゴール前で寝てしまい、ゆっくりコツコツ進んでいた亀に追い抜かれて負けてしまった、という有名な話ですね。これは、モチベーションとどう向き合うべきなのかをうまく描写している昔話だと勝手に解釈しています。

モチベーションには、一時的にドバッと溢れ出る「特需タイプ」と、それより熱量は劣るけれど継続的に行える「持続タイプ」の二つがあります。受験で大事なモチベーションは、圧倒的に後者です。つまり、亀さんのほうですね。

僕や周りの体験談ですが、一時的にドバッとやってしまうと、どうしてもムラが出てしまいます。

筋トレでもよくあります。始めた日は全身が痛くなるほど負荷をかけるけれど、次の日以降には心が折れてしまいます。実力と負荷の量が比例していなければ、つらいと思うのは当然です。ガリガリの僕がボディビルダーくらいの量をこなすのは到底不可能です。体力的にも精神的にも慣れていませんから、特に精神的につらくなって逃げ出したくなります。

勉強のスケジュールを立てる時も、立てている時は調子よく考えてしまいがちです。冷静になれば、毎日続けられそうかどうか分かるはずなのに。こういうことは何度も繰り返してしまいますよね。

だからと言って、ドバッと勉強することを否定したくはありません。それ自体、非常に良いことだと思うのです。ただ、「続けられそうではないな」と思ったら、少し量を減らす勇気も必要です。一番避けなければならないのは、モチベーションがごっそり持っていかれて、継続できなくなることですから。

少しずつ勉強することで体力も精神的な忍耐力もついてきます。無理にガツガツ勉強する必要はありません（すでに体力がある人はそのままガツガツ勉強してください）。

まだ本格的に勉強を始めて間もない人は、本当に低いハードルからで大丈夫です。まずはゆっくり少しずつ始めていきましょう。焦らずコツコツ続けていけば、結果的にウサギのように速く、亀のように継続できる体質になるはずです。

モチベーションに関係なく、ずっと勉強できる方法

コツコツ続けていれば、いずれウサギのように速く、亀のように継続して勉強できると書きましたが、端的に言えばそれは「習慣力」が身についたということです。

習慣とはすごいものです。**慣れれば慣れるほど、その行為を行わないとむず痒くなってしまう**ほどに生活の中に入ってきます。

極端な例かもしれませんが、歯磨きを毎日行っている人にとっては、歯磨きをせずに寝るのは嫌ですよね。僕も子どもの頃は習慣になっていなかったので、「歯磨きはめんどくさい」と感じていましたが、今では寝る前になると何も考えずに歯を磨いています。

同じように、部活などで毎日運動を行っている人にとっては、動くことが習慣になっています。運動できないとそれがフラストレーションになり、休みの日にもなんとなく筋トレなどを始める人が多いそうです（その心境は僕にはちょっと分かりません（笑））。

勉強し始めの時は、「よし勉強するぞ」という決断にエネルギーを要すると思います。机に向かうまでが一番つらいですよね。

犬を飼っているのに犬の散歩に全然行かない友達がいるのですが、「散歩に出るまでが一番つらい」と言っていました。何事も習慣になっていないことは最初の一歩に苦労するものです。かくいう僕も勉強に慣れていない時は、勉強するまでに一番エネルギーを使っていました。

勉強にまだ慣れていない時は、モチベーションによってだいぶ勉強時間が左右されます。気乗りしない時は本当にできず、燃えている時にはガツッと時間を取ることができます。ただ、今の僕のように勉強が習慣になってしまえば、それほど負担が大きくありません。自分のモチベーションを顧みることすらなく、すんなりと始めることができます。

つまり、**モチベーションに関係なく勉強するには「習慣」が重要**になってきます。アメリカの心理学者ハルの動因理論でも、努力の大きさとは「習慣×動機」と提唱されています。

ここで僕が言いたいことは、成果を収めるのには習慣が必要不可欠だということです。僕の経験でも、本当に、勉強が習慣になればなるほど「勉強の体力」も身につきますし、それにつれて成果が上がってくるので、さらに勉強する意欲も湧いてきます。

そして、習慣化することのメリットの一つには、気持ちのムラが少なくなることもあります。モチベーションが高い状態の最大値を100とすると、通常時は大体60といった感覚でしょうか。勉強が習慣化されていると、たとえ模試で悪い成績を取ったとしてもモチベーションが0になることは絶対にありません。

僕の受験生活も紆余曲折はあったのですが、模試で悪い成績を取った時も勉強をすっぱりやめようとは一度も思いませんでした。気分が落ちると勉強時間が減ることはありますが、それでも毎日平均で7〜8時間は勉強していました。

「習慣」と簡単に言っても、実際に何かを習慣化するのは骨の折れることですよね。

だからこそ口をすっぱくして言いたいのですが、**習慣化するには、まず勉強しない日を作ってはいけません。**どんなに忙しかろうと、10分、15分でも、英単語を見るなど簡単なことでもいいので続けてみてください。その積み重ねが習慣です。

また、習慣化できたからといって、モチベーションに浮き沈みがないわけではありません。気持ちが昂《たかぶ》る時もあれば、沈んでしまうことも、誰だってあります。

モチベーションが高い時は、その気持ちに素直に従って勉強すればいいのですが、気分が沈んだ時のマネージメントが必要です。「やる気が出ないから勉強しなくていい」なんて簡単に片付けられないですから。

どうしても気分が落ち込んで集中できない時は休むことも必要だとは思うのですが、いつもやっていることをほっぽり出してその日の勉強に区切りを付けるのはもったいないです。たとえどんなにモチベーションが上がらなくても、「最低限これをやる」と決めた妥協点だけは守っていきましょう。

そういう時、僕は気が散っていてもできる暗記系の復習などをしていました。英単語、英文法、音読や地理などです。数学はどうしても頭を使うため、こういう時は少しやっておしまいです。少しと言っても1時間くらいは頑張ってやろうとしました。**妥協する時も、できない時なりに頑張る姿勢は貫く。**その努力は忘れないようにしましょう。

最低限の妥協点を守ることで、習慣化してきたことを守れる利点があるだけでなく、さらに次の日に立て直しやすくなります。何もしないと次の日の勉強のハードルは高くなり、ますますモチベーションに悪影響が出てしまいかねません。

悩みや不安で落ち込んでいても、そのほとんどは時間が解決してくれて、乗り越えることができます。高校生や浪人生は多感な時期なので、受験以外にもいろいろと悩みがあるでしょうし、それがモチベーションを左右することもあると思います。
悩みが生まれてしまったなら、それは仕方ありません。その中でやれる最低限のことだけは死守しましょう。

自分のモチベーションパターンを知れ

ここからは、継続的なモチベーションではなく、一時的に役立つモチベーションについて話をしていこうと思います。一時的なモチベーションとは、例えば誰かに褒められて嬉しく思った時に上がるモチベーションのことです。

僕の結論を書く前に、一般的にモチベーションの上げ方はどう考えられているのかを調べました。「目標を書く！」「成功した時のことを想像する」など、書かれていたのはどれも場当たり的な対処法だという印象を受けました。ただ、それはその方法が間違っているのではなく、「人によって特効薬は違う」という前提が抜けている気がするのです。

言い換えれば、モチベーションについて、万人に効く薬はありません。

僕の中でモチベーションが湧く行為は、**合格体験記を読むこと。**そして、『ドラゴン桜』を見返すことなどでした。ただ、これは僕の特効薬であって、全員に当てはまるわけではありません。みなさんにはみなさんの特効薬があるはずです。

例えば、良い大学に通っている姿を想像すること、みんなに「頭いいね」と言われること、東京に行っておしゃれをしている自分を思い浮かべることかもしれません。これを機に、みなさんはどんなことでワクワクするのか、自分のモチベーションの拠り所を探ってみてください。

このように、モチベーションの特効薬は人それぞれですが、共通していることが一つあります。それは、**「自分の素直な気持ちを受け入れること」**です。

この章の最初にモチベーションは、「自分が欲求を満たしたいかどうか」と述べました。欲求はみなさんのエネルギー源です。そして、欲求に従うと意志やエネルギーを無駄遣いしなくてすみます。お腹が空いている時に「ご飯を食べることがだるい」とは思わないでしょうし、食べることに強い意志を必要とする人はいないはずです。

ご飯と勉強が全く同じだというわけではないですが、それでも欲求に素直になることで、勉強することへの負担がずっと軽減されると思います。

僕は、人に認められたい気持ちが誰よりも強いです。褒められているシーンを思い浮かべるだけで承認欲求が刺激されて「うおおお」と情熱が湧いてきます。

欲求を隠す必要はないです。もちろん、誰かに対してあえて口に出す必要もありませんが、「お金がほしい」「モテたい」「褒められたい」「周りを見返したい」など自分の気持ちに素直に従いましょう。

そして、モチベーションが下がった時にこそ、その気持ちが本当なのか、自分の中でもう一度、確かめてみてください。

自分のコントロール範囲にだけ集中しよう

ここまでいろいろ書いてきましたが、「試してみたけれど上手くモチベーションを上げられない」と感じる人もいるかもしれません。

それでも心配しないでください。これまでの内容と少し矛盾するようですが、僕自身、意図的にモチベーションを上げることは相当難しいと思っています。どちらかと言えば、モチベーションは意図的に上げるものというより、「ついでに上がる」副産物のようなイメージです。

モチベーションのことなど何も考えずにＹｏｕＴｕｂｅで有名人のスピーチなどを見ている

時に「うおー、スゲー」「こういう人になりたい」と思い、勝手にモチベーションが上がっていることが多いのです。そのまま「やるぞ！」と意気込んで、夜中に机に向かうことも少なくありません。

つまり、必死にモチベーションを上げようとしていない時にモチベーションは上がったりします。「モチベ　上がる」などとＹｏｕＴｕｂｅで検索したり、そんなことに時間を使ったりするくらいなら、モチベーションが下がっている状態で勉強するほうがよっぽど効率的です。

そうなのです。**モチベーションにこだわり過ぎるのはかえって非効率です。**モチベーションは変数が多く、コントロールできない部分が多いからです。前日の疲れや睡眠の具合などいろいろと影響することが多すぎて、「こうすればこう上がる」と簡単に解決策を割り出すことがなかなかできません。

僕はモチベーションを「天気」のようなものだと思っています。それだけ、自分で上げたり下げたりコントロールすることが難しい。言うなれば、モチベーションが高い時は、晴れ。モチベーションが低い時は雨。時間によっても変わるなど、天気とそっくりです。

どうにもならないところにこだわるより、モチベーションは結果論として捉え、自分がコントロールできる部分だけに集中したほうが有意義な時間が送れます。

だからこそ、僕は警鐘を鳴らしておきたいのです。**モチベーションは上げることよりも「普通を保つ」ことが重要**なのだと。

ウサギと亀、そして習慣力のところを、繰り返し読んでもらえれば嬉しいです。

モチベーション低下は予防できる

このように書くと「普通を保てないから困っている」という声が、聞こえてきそうですね。

そのためにはどうするか。**日々、自分自身を研究することがモチベーションコントロールのカギ**となります。

僕も毎日自分と向き合い、自分ができる限り高いパフォーマンスを発揮できるよう自分の気持ちを言語化しています。その過程で、完全にコントロールできないまでも、気持ちが下がることを予防することはできるようになってきました。

それぞれに、自分自身がこうなったらこういう気持ちになる、というパターンがあると思います。具体的に、こういうことが起こると凹む、こうなった時にやる気が削がれる、というような感じです。

僕は、少しでもスマホを見てしまうと急に勉強への関心が削がれてしまって、その後スマホを手から離しても思うように集中できず、やる気が低下することがよくありました。

朝にエナジードリンクを飲むと高確率でお昼頃に気持ちが悪くなることもありました（個人差があります！）。そうなると勉強どころではありません。

マルチタスクもかなり苦手で、机の上にいろいろと物が転がっていたり、頭の中で「これをやらなければいけない」など多数のリストを抱えている時には、モチベーションがダダ下がりします。

数学を夜にやろうとすると、なかなかモチベーションが湧かないことも分かりました。

そういった自分の中のパターンを把握することで、自分を良い方向に仕向けることができるのです。

マルチタスクでモチベーションが下がるのであれば、できる限り一つのことに集中した環境作りをすることで、やる気の低下を予防できます。また、数学を夜に残さず、朝に行うことで高いパフォーマンスを発揮することができます。

そうした発見のおかげで少しずつモチベーション管理がうまくなっていきました。

みなさんにもパターンが必ず一つ以上はあると思います。一つも思い当たる節がない人は、おそらく気づいていないだけです。

これから毎日、自分の心の機微にアンテナを張ってみてください。意外と自分では思ってもいないところで凹んでいたり、嬉しいことに転じるきっかけに気づけたり、自分をコントロールできる部分が見つかると思います。

自分を知らなければモチベーションを管理することは至難の業です。

また、こうすると「自分の知らない自分を知る」ことで世の中がさらに広く見えてきて、最初に書いたモチベーションの正体である「必要性」を改めて発見できたりもします。

自分を知ることは良いことずくめなので、ぜひ実践してください。

時間が足りないことを自覚する

ここまで書いたのは「正のモチベーション」ですが、時に「負のモチベーション」のほうが効果的なこともあります。どうしても自分の中でモチベーション管理の方法が確立できないのであれば、これから伝える方法を取り入れてはどうでしょうか。

正のモチベーションとは「受かりたい」といったような「〜したい」という欲求です。逆に負のモチベーションは「〜したくない」などの避けたい想いから行動力が生まれるパターンです。

一般的に「負」という言葉は好ましくないイメージがありますが、受験ではこちらのほうが便利に作用する場合が多々あります。つまり「やらなければ落ちる」という意識です。みなさんも定期テスト前などは時間に追われて、高い集中力を発揮した経験があると思います。やらないといけない状態だと、嫌でもそのタスクに集中できたりしますよね。

モチベーションとは「自分にとってどれだけ必要か」です。負のモチベーションがこれにつながります。

でも、「受験本番はまだまだ先のことだろう」と思ってしまう気持ちも分かります。なかなか時間に追われる意識は芽生えにくいですよね。

そこで重要なのは、必要性、つまり、やらなければいけない理由を確認することや設定すること。つまり、**「どうしたら時間が少ないと感じることができるか」**です。

僕の中でいくつかピックアップしてみたので参考にしてください。

赤本を解いてみる

今の自分の実力と志望校の合格ラインとのギャップを痛感することで、課題や問題点と残された時間との関係が分かるはずです。

例えば、英語で長文が全く読解できなかったとしましょう。なぜできないのかを自己分析し、仮説を立てます。「どんなトレーニングが必要なのか」などとタスクに落とし込むことで、意外とやらなければいけないことが多すぎて、時間が足りないことを嫌でも自覚できるでしょう。

実力試しとして赤本は受験直前に解きたい人もいるでしょうが、受験生なら今からやるべきことを明確にするためにも早めに活用してみてください。

模試を受けてみる

模試は単なる実力試しというより、「○○判定を取る」というような目標設定を強く意識すると、良い意味での焦りにつながります。目標設定をすることで得られる良い影響に関しては、第3章で詳しくお話しします。

英検や数検を受けてみる

特に高校1年生や2年生はどうしても受験が遠く感じられると思います。そういう人はぜひとも英検などの検定を受けることをおすすめします。

英検の場合は、英単語やリスニングなど受験にとっても役に立つことも多いので、受けておいて損することはありません。また大学によっては英検を持っているだけで加点されるなど大きなアドバンテージになるところもあります。

要するに、短いゴールをいくつか設定して、それに向かって頑張るほうがモチベーションは維持しやすいということです。持久戦は苦手で短期決戦のほうが得意な人は、まさにこのやり方が適していると思います。僕も1年生の時は受験本番はさすがに遠すぎて意識できなかったので、短いゴールをいくつか設定し、モチベーションを維持していました。ぜひこれらを試してみてください。

Ⅱ

モチベーションを爆上げする「不合格体験記」

いや〜、ダイエットが続かない理由が分かった気がする！

確かに、僕ら必要に迫られてなかったから、ダイエットが続かなかったのかも。

お前らのダイエットトークはどうでもいい！　黙っとけ！

そんなくぁないは、モチベーションが下がった時どうしてた？

俺の場合は、誰よりも早く予備校に行って、その優越感でめっちゃ勉強してた。

朝何時起きですか？

浪人生の時は、朝5時には起きてたね。

さすがに早すぎる（笑）。

でも今では、それくらいの時間に寝る生活になってますよね（笑）。

あの時の俺は無敵だった。今はもう無理！

やっぱり人によって全然モチベーション上げる方法が違うね。くまたんはどうしてた？　あっ、ごめん。やっぱり今はいいわ。

え、僕っていじめられているんですか？

今までありがとう！　でも、お前はクビ！

違う違う。実はこの後すぐにくまたんのストーリーを、受験生のみんなに知ってもら

おうと思っているから、詳しくはそこで。

確かにくまたんは、他の人よりもいろいろ経験してきてますよね。

そういうことなら、クビにしたけど、やっぱりもう一度採用！

ありがとうございます（笑）。

タイトルはずばり、「不合格体験記」。

インパクトのある名前ですね！　ぶっちゃけ合格体験記より読みたくなる。

くまたんの「不合格体験記」には、受験に大事なことの全てが詰まっていると言っても過言ではない！　きっとみんな普段の何倍もやる気が出てくると思います！

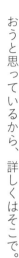

体験記はモチベーションを上げる原動力

ここでは、くまたんの「不合格体験記」を読んでもらいますが、僕自身の合格体験記、香川県の公立高校（ほぼ最下位で合格）から東大に現役合格し、進学振り分けで東大医学部に進学するまでの話は、50分程度のYouTubeの動画「東大合格までの〝受験のリアル〟をお話しします」で紹介しています。

実際にこの動画をきっかけに、僕たちPASSLABOの活動を知ってくれた人も数多く、ありがたいことに今では再生数が120万回を超えた動画の一つです。この本を読んでくれているみなさんの中にも、見た人がたくさんいてくれたら嬉しいです。

綺麗事は一切抜きにして、ありのままの泥臭い受験のリアルを話した分「モチベーションにつながりました！」という声をたくさんいただきました。動画だけでなく、『最強の勉強法』（二見書房）でも詳しく書いていますので、興味のある方はそちらもぜひ読んでみてください。

ただしこの本を読んでくれるみなさんには、冒頭でみんなに話した通り、「合格体験記」ではなく「不合格体験記」から読んでもらいたいです。巷には合格体験記は溢れていますが、なかなか「不合格体験記」は見たことがないですよね。

「東大合格までの“受験のリアル”をお話しします」（YouTube 動画）

PASSLABOで一緒に活動している「くまたん」の不合格体験記。彼は僕と同じく地方の公立高校出身なのですが、東京大学を計3回受験して、2浪目でわずか1点足りずに不合格となってしまいました。それまでの模試では全て東大A判定を取り続けていたにもかかわらずです。

そんなつらく苦しい経験をした彼が語る体験談からは、現役合格者は決して経験できない〝受験のリアル〟を読み取ることができるはずです。

一体どんな勉強をして、どうして志望校に落ちてしまったのか。**成功のパターンは多種多様ですが、失敗する人には意外にも共通したNGがある**そうです。そのNGを知ることで、回り道をせずに、効率的に現役合格することができると思います。ぜひモチベーションが下がった時、勉強の原動力にしてください。

それでは、くまたん、よろしくお願いします！

はい、どうも。PASSLABOのくまたんです。ここからは、僕が2浪して東大文一（東京大学教養学部文科一類）にあと1点で不合格になるまでの実際の体験を全て話していきます。

ありがとう。早速だけど、これから体験談を読んでいく上で「受験生に意識してもらいたいポイント」はありますか？

不合格体験記の全体を通じて言えることなのですが、それは「主体性」だと思います。当時は無自覚だったのですが、こうして自分の受験人生を客観的に振り返ると他力本願だったなって。みなさんには僕を反面教師に頑張ってもらいたいです。

頭がいいと錯覚していた高校時代

僕こと、くまたんは東大を3回受けて、2浪目で1点足りずに不合格になりましたが、実を言うと東大の本番では苦手な英語で失敗したものの、他の科目、例えば日本史では8割、国語は6・5割、数学6割と合格できる実力を発揮していました。

そう聞くと「英語以外はよくできてるじゃないか」「もともと頭が良かったのでは」と思われるかもしれませんが、恥ずかしながら小学生の頃は、全く勉強ができずに親や先生に迷惑をかけていました。

中学生になるまでアルファベットが言えなかったし、小学生の頃は勉強したのに国語で0点を取り、学校に居残りさせられていました。別に勉強は嫌いではなく、夏休みのドリルは誰よりも早くやるし、ちゃんとテスト勉強もし、言われた宿題はきちんとしていました。ただ、それでも点数が上がりませんでした。

そんな僕を見た親は小5の時に塾に入れてくれて、そのおかげか、なんとか中学受験で私立中学に合格しました。

中学生になっても継続して塾に通いましたが、成績はどんどん下がっていきました。

中学でソフトテニス部に入ったのですが、そのせいで塾の宿題をやる時間がなくなり、宿題をやっていないと叱られるので塾からますます足が遠のきます。恐ろしい「負のスパイラル」に陥ってしまったのです。ここで初めて自分の弱点に気づきます。僕は「勉強と他の何かを両立することが大の苦手」だったのです。

しかし、こんな僕にもプライドだけはありました。**親や友達に志望校を聞かれる度に、仲の良かった友達が希望しているという理由だけで「○○高校（県内屈指の進学校）」と答えていました。**当時の自分の現状や成績からするとはるかに高い目標でしたが、何度も言っているうちに自己暗示がかかり「○○高校に行くんだ！」と強い意志が固まったのです。

部活をやめてからは毎日塾に23時までこもって勉強しましたが、高校入試の模試ではA判定を一度も取れず、「志望校を下げるか、そのまま挑戦するか」何度も迷い、毎日プレッシャーと不安を抱きながら勉強していました。

そのことを親に相談すると「やるだけやってみれば？　変えたら後悔しない？　落ちたら落ちたでいいじゃない」とアドバイスしてくれました。シンプルなこのアドバイスのおかげで不安が全て消え「どうせやるなら、本気でやろう」と決心し、そこからは誰よりも勉強に集中することができました。

その結果、本番で自己最高得点を叩き出し、志望校に合格できました。

合格したことが親戚や友達に伝わると、周りから「すごいねー、頭いいね」と言われました。1年間ひたすら努力することで合格したのに、そのことを忘れて「自分は頭がいい」と錯覚したまま高校に入学することになりました。

最初に受けた試験は３５０人中１８３位。半分より下ですが「やればできるから大丈夫だろ」と、中学時代と同じソフトテニス部に入り、部活中心の生活が再開しました。授業の予習はほとんどやらず、でも課題だけはやりました。たまに答えを見たりしながら（笑）。

おおお、なるほど。意外とプライドは高かったんだね。合格が自信に変わったのはすごく良いことだと思うけど、これからどうなるかヒヤヒヤするね。

そうなんです。ただこの時点ではまだ志望校のことなんて何も考えていませんでした。ただ目の前にあるテストや宿題だけはきちんとやってましたけどね。

どういうきっかけで志望校を東大に決めたのか、これは聞きたいところ！

周りに流されて決めた志望校「東大」

高2の冬頃になると部活仲間の間で「そろそろ受験勉強を始めたほうがいいんじゃないか」という雰囲気が出てきて、その雰囲気に流されて受験勉強を始めようと思い、書店に行ってみました。

英単語帳だけでも数多くのものが出版されており、どれを選んだら良いのか分からなかった。というか、その前に、どこの大学を志望するかも決めていない。

「じゃあ、決めよう。狙うなら一番上でしょ。東大だ」

科類は文科三類（以下文三）にしました。一番入りやすいし、部活の同期も東大文三志望だし。そして、「まあ、東大志望になったことだし、東大志望者がよく使う参考書をやってみよう」と買った参考書に手をつけ、計画すら立てず、高3になってもダラダラとやっていました。

そうしていると、あっという間に夏休みに入り、東大模試を受けることになりました。模試の当日まで配点や形式を知らず、ましてや戦略など何もなく、試験終了後に東大のレベルの高さを知ったのです。

「大学受験は甘いもんじゃない」とやっと実感しました。

「このままじゃ受からない。どうすればいいんだろう」

「やり方が分からない。焦るだけで何も解決できていない」

「いや、やっぱり今まで通りの方針で行こう」

と堂々巡りでした。その方針とはセンター（大学入試センター試験）対策より2次対策を優先し、東大の過去問をやることですが、そもそも過去問の使い方のやり方も今思えば間違っていました。当時のやり方はこんな感じです。
①問題を解く→②すぐに模範解答を見る→③模範解答を写す
分からなければすぐに解答を見ていたのです。考える時間をしっかり取るべきでした。

10月上旬くらいになると夏の東大模試が返却されました。結果は１６５／４４０点。到底東大に受かる点数じゃありません。もちろん判定はD判定。

12月になっても勉強法を変えず、学校ではセンター対策、放課後は2次対策をしました。下旬になると11月の東大模試が返却されました。得点は１９８／４４０点。C判定。30点以上伸びました。２２０点を目標にしていたので、目標には到達できなかったけれど、「よし、このままいける」とモチベーションが上がってきました。

ところが、その結果を見た親の何気ない発言を、僕は笑って流せませんでした。

「このままで大丈夫？　東大だよ。全国のトップの生徒が集まる大学だよ。学年で10番以内に入っていないあなたが行けるの？」

確かに、この時は学年で20〜50番くらいの間を行ったり来たりしていました。「でも、子どもがやる気になっているのに、そんなやる気を削ぐような発言をするか？」とムシャクシャし、親との関係は険悪になり、そのイライラを勉強に向けました。親の顔を見たくなくて部屋に籠って猛勉強しました。17時に帰宅してから深夜1時まで。夕食やお風呂など勉強以外の時間は1時間に限定していました。

今思うとこれが現役時のモチベーションになったのかもしれません。

確かに受験が近づいてくると、プレッシャーや不安など負の感情が出てくるよね。負の感情を勉強への活力に変えたってわけだね。

ここからどうなるか、ぜひじっくり読んでください。とんでもないことが起きます。

プライドが邪魔をした出願

1月になると、センター試験だけの対策をしました。

そして、ついにセンター試験本番。僕は緊張するといつも吐き気がするのですが、なぜか当日はそんなこともなく落ち着いていました。

2日目も無事に終了し、その夜にインターネットで配信されている解答で自己採点してみると、センター得点率は7割3分。「やばい、文三の足切り点を越えていない。どうしよう」そう思ったものの、「ここで志望校を変えたらカッコ悪いな」そんなプライドが邪魔し、どうしても東大志望は変更したくありませんでした。

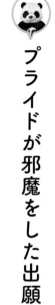

「文一なら足切りは越えられそうだ」というヨミはあるものの、文一は2次試験でかなりの点数を取らなければ受かりません。「今まで2次試験の勉強をメインでやってきたのだからいけるでしょ」と思う反面、「落ちたらどうしよう。浪人か、私立か」「浪人は嫌だ。私大も受けておくか。私立は3科目だし過去問を5年分くらいやれば大丈夫だろう」と、**安易な考えから私大も受けることにしました。**

結局、東大文一と早稲田大学の文学部に出願しました。早稲田の試験日は東大の1週間前でした。

それから、いざ早稲田の過去問を解いてみると意外と合格点に届きません。「やばい、軽く早稲田は押さえのつもりだったのに」と、東大に受かることが第一目標のはずだったのに、いつの間にか早稲田対策に時間をかけるようになっていきました。

早稲田試験当日。「ここで受からないと」と焦り、緊張。今にも吐きそうでしたが、試験自体は割といけた手ごたえがありました。「受かったかもしれない。後はもう東大対策だけをやれば受験から解放される」と、次の日に東大の過去問を通してやってみました。

ここで大きな落とし穴がありました。記述が書けない……。

1月に入ってからセンター対策、早稲田対策と、あまり記述を使わない試験対策しかやっていなかったので2次試験の記述を解く力が低下していたのです。想定外でしたが、正直、この時期からはどうしようもなく、そのまま東大受験に臨むことになりました。

試験の前夜は緊張してほとんど眠れず、３時間睡眠でした。

ついに当日。１日目は国語と数学です。いざ始まってみると現代文は例年並みの難易度で、さらに数学は例年より解きやすい内容だったので、「これはいける」と確信しました。「割とここまでは順調だな」と安心し、その日の夜はぐっすり眠れました。

睡眠をしっかり取ったことで2日目の体調はバッチリ。「なんか、いけそうだ」という気分で試験に入り、実際に社会2科目（日本史・世界史）は自分なりにうまくいきました。

ところが英語の英作文で、例年は写真を見ての自由英作だったのが、今いるキャンパスについての自由英作に変更されていて、動揺。しかも、赤門のある有名な本郷キャンパスと違って駒場キャンパスは特徴のないキャンパスです。「緑が多くてリラックスしやすく本が読みたくなる」とか適当なことを書き始めましたが、動揺したこともあり時間内に終わらず……。「やってしまった」と呆然としながら帰路につきました。


この日は早稲田の合格発表日でもありました。帰りの電車の中でドキドキしながらホームページを見たところ、結果、不合格。「嘘だろ」と何度も確認しました。無い。

「あー、やばい、浪人が現実味を帯びてきた」「いや、まだ東大落ちたわけじゃないし」と合格を願った合格発表の日。発表時間は12時でした。

11時50分からパソコンの前に待機し、その10分間はいつもより長く感じられ、今までの勉強してきた日々を思い返していました。

ついに、12時。結果は、不合格。

その時、「まあ、そうだよね」とすんなり結果を受け入れている自分がいました。努力はしていましたが、死ぬほど勉強したかと言えばそうじゃない。努力が足らなかった……。

とにかく、全落ち。そして浪人が決まりました。

これが現役時の体験だったんだね。すごく濃厚。受験は予想通りにいかないことばかりだからね。今振り返って反省点みたいなところはある？

そうですね。そもそも時間が足りなかったことを除けば、情報を取り入れようとしなかったことが最大の敗因だと思います。周りがどれくらい勉強しているのか、いつから過去問演習をすればいいのか、誰も導いてくれる人がいないとやっぱり厳しいですよね。

ありがとう。くまたんと同じような経験をしている浪人生は多いと思うので、特に高1・高2の人はこれを見て、早めに動くことが大切だと知ってほしいね。

東大の高い壁

1浪が決まってから数日が経ち、東大から点数開示の成績が送られてきました。

この時の東大文一の合格最低点は354・5778点。

成績通知表に書かれていた僕の点数は311・3点で、合格最低点に44点ほど届かず。センター試験を除いた2次試験の点数を細かく言うと、国語66点（120点満点）、数学35点（80点満点）、日本史42点（60点満点）、世界史32点（60点満点）、英語56点（120点満点）でした。

これを見た僕は、**「思った以上に点数が取れていないな。勉強法を見直そう。よし、YouTubeを見よう」とありとあらゆる動画を見ましたが、結果、どの勉強法が自分に合っているか分からない……**。

そこで親に頼んで予備校に入れてもらうことにしました。次は予備校選びです。よく「受験は情報戦だ」と聞いていたので、大手予備校に絞りました。河合塾はテキストがいいと評判でした。駿台（駿台予備学校）はレベルの高いイメージがありました。映像授業は自分には合っていないと思い、検討しませんでした。

現役時の反省から「基礎を固めよう」と河合塾を選択したものの、今度は地元か東京の本郷校にするか迷いました。本郷校は東大専門校舎です。高いレベルで切磋琢磨するのにいい環境ですが、ここに通うと寮生活になります。高い寮費で親に迷惑を掛けたくない思いと、知らない環境で生活するのが嫌だったので、地元の東大文類コースに入りました。

今思えば自分を厳しい環境に置くべきでしたが、とにかく入塾説明会で、基礎の大切さ、河合塾のテキストの良さ、予習復習の大切さを説明され、それを鵜呑みにした僕は、授業が始まる前に英単語などの基礎事項を固めてしまおうと、単語の復習から始めました。

まず、シス単（『システム英単語』駿台文庫）のテストを作り、どのくらい覚えているかを確認したところ、センターレベルの第1章すら完璧ではなく、2次試験レベルの第2、第3章は全然できていませんでした。

いかに基礎を怠っていたかを反省し、授業が始まるまでに第3章まで完璧にしようと目標を立てました。現役時の反省から、単語をやる際は期間と完璧にする範囲をきちんと決めることにしたのです。結果、授業が始まるまでに90％は覚えられたので作戦は成功でした。

そして、4月。授業が始まりました。河合塾は4月から7月までは基礎シリーズ、9月から12月上旬までは完成シリーズ、1月2日からセンター試験までは実践シリーズ1期、センター試験後から2次試験までは実践シリーズ2期となります。

河合塾信者となっていた僕は入塾説明会で言われた通り、授業の予習復習を中心にテキストだけをやろうと決意していました。90分の授業に対して予習は60分くらい、復習には150分くらいかけました。しかも復習は、授業があった日と、次の週の同じ曜日の、2回やりました。

このサイクルは基礎シリーズの間は崩さずできて、おかげで全統記述模試でA、B判定を取り続けることができました。

夏休みは、「現役生が本格的に勉強を始める時期でもある。気を引き締めなければ」と基礎シリーズの復習と夏期講習のテキストの予習復習を何度もやりました。

8月の東大模試は、現役時の反省を生かし、試験対策をして臨みました。「この教科はこの大問から解く」「この問題には何分割く」というシミュレーションをし、実際に模試ではその通りできました。

「今までの勉強法は間違っていなかった。夏以降もこの調子で行こう」と思った9月。完成シリーズのテキストは難易度が高く、予習にも復習にもそれまで以上に時間がかかり、復習が2回できなくなることも少なくありませんでした。

10月になり夏の東大模試の結果が返却されました。**判定はB判定。これを見て、もう受かったかのような感覚になってしまいました。**つまり、自分しか見えていなかったのです。上には上がいて、下にも逆転される可能性があるにもかかわらず油断してしまいました。

それまでは友達にご飯や遊びに誘われても断って塾で自習していたのに、この頃からラウンジで喋って時間を無駄に使ったり、買い物に行ったりして勉強の時間が少しずつ減りました。罪悪感を覚えながら、「少しくらいいいだろう」という気持ちがあったからです。

そして11月。東大模試の月。ここで10月の過ごし方が間違っていたことに気づかされました。夏よりも問題の難易度が高くなったと感じて焦り、焦ると試験はダメになります。頭の中で情報が処理しにくくなるらしい……。

さらに12月になると塾の授業が終わり、テキストを使わなくなります。**それまでずっとテキストを中心に勉強してきたので、とたんに勉強法が分からなくなりました。**受け身勉強の弊害が、ここで出てしまいました。とにかく、センター対策を始めました。授業ではテスト演習で2次対策、自習でセンター対策と、8対2の割合でセンター対策をメインでやりました。

その頃、東大模試が返却されました。判定はC判定。思ったよりひどくはなく、「センターが取れれば何とかなるだろう」と、引き続きセンター対策に集中。12月中は2日で1年分、1月は毎日1年分やりました。

センター試験で早稲田の法学部のセンター利用出願で合格を取り、一般試験は受けに行くつもりはありませんでした。

放心状態になった東大入試

そして、センター試験1日目。前日は2時間しか眠れず、体がだるく、コンディションが悪い。緊張もして吐きそうでした。2日目はコンディションが良く「いけるぞ」と思ったものの、かねてから不安要素であった数学1A、2Bでは手汗もひどく、頭もうまく働かず、焦ったまま試験終了。

採点すると、センターの得点率は8割6分。この点数では早稲田のセンター利用の出願での合格は無理ですが、他の大学にはセンター利用の出願を出していません。「また落ちるかもしれない」という不安を抱えてチューターに相談した結果、心に余裕をもって東大を受けられるように明治大学法学部を受験日の早い全学部統一試験で受験することにしました。

受験校は東大文一、早稲田法学部、明治法学部。早稲田の対策に加え、急に受けることになった明治の対策もしなければならなくなりました。早稲田はセンターで取る予定だったので想定外です。**そして、再び東大対策ができず、また焦るという悪循環……。**

でも結果は、明治法学部には合格し、それが安心材料となり、早稲田は落ち着いて受験できました。そして、現役時の反省を生かし、2日に1回は記述を解くようにしていました。

いよいよ、東大受験日。国語は得意科目だったので目標は70点。数学も自分なりの復習方法が成功し得意科目になっていたので40点を目標にしていました。1日目の手ごたえはいい感じ。体調も万全で「やはり合格している大学があるのはいい」と実感しつつ、2日目へ。地歴では、日本史が得意なので50点近くを目標に、世界史では大問2、3でしっかり得点し、大問1で部分点を取る予定で45点目標にしていました。英語は大問1、2、3、4でしっかり取ろうと70点を目標にしていました。

ところが英語はまたもや問題形式が変わり、大問1Bにライティングが増え、リスニングは5択になりました。解く分量が増えたと思い、「急がなきゃ」と焦ってしまいました。「周りの受験生も焦っている」と考えれば落ち着けたかもしれませんが、ギリギリ終わって試験終了。

結果は不合格。合格最低点（354・9778点）と8点差でした。ちなみに早稲田は補欠合格で、結果的に不合格となりました。

さて、問題は明治に進学するか否かです。周りの結果も耳に入ってきます。「アイツ、東大受かったんだって。すごいね」。そういう声を聞くと東大に未練が残ります。何より、現役の時は44点も足らなかったのが、8点差と東大との距離を確実に縮められた実感もあり、2浪することを決意しました。加えて早慶以上にしか行きたくないという、妙なプライドがあったことも事実です。

これが1浪目の体験談だね。一つ気になったのは1浪目は何をモチベーションに勉強をしていたの？

1浪目のモチベーションは正直これといったものはなかったですね。強いて言えば、毎月の模試でいい点数を取り友達に自慢したいとか、東大を目指すのにふさわしい点数を取り親をギャフンと言わせたいとかですかね。目の前にあるテキストの予習復習をして、模試を受けてのサイクルだったので、モチベーションが下がるのは何度かありましたけど、そのサイクルを回しているだけで1年間終わった印象です。

あ〜〜〜確かにね。モチベーションが下がった時には上げたいなって気持ちが出てくるけど、実際に何か行動しないと上がらないよね。僕の場合は、それが合格体験記を読むことだったんよね。モチベーションは上げよう上げようと思うだけでは上がらないので、受験生のみなさんは、この本で話しているモチベーションを上げる方法などを参考にしてみてください。

自分自身と本気で向き合えた2浪目のスタート

親の前に正座し、「もう1浪させてください。悔いが残っています。必ず東大に受かってみせます」と頭を下げると、条件付きで2浪させてもらえることになりました。

その条件とは「常に模試でA判定を取る。1回でも逃したら志望校を下げること」「2浪が最後の浪人。もし失敗したら働くこと」です。

現役時と1浪目の失敗や後悔は二つあります。

一つ目は、周りに流されて志望校を決めたこと。
二つ目は、予備校で与えられたテキストだけを、言われたやり方で勉強して、自分の頭でしっかり考えて勉強しなかったこと。

これらの反省から、しっかりと自分自身と向き合ってから2浪目を開始しました。

まず志望校に関しては、「そもそも、なぜ東大を受けるのか」という明確な目的がありませんでした。ただ「周りの友達が受けるから」「頭がいいと思われるから」という理由では、本当の意味で勉強をするモチベーションにはならなかったのだと思います。そこで、志望校から考え直す必要があると考えました。

2浪したいと親に話した時に、言われたことがあります。

「就職は大丈夫なの？」

インターネットで調べてみると、3浪すると新卒採用枠ではなくなると書いてありました。さらに調べる中で、「高校卒業後は親の介護をしなければならず、卒業して5年後に大学入学した」「家庭の事情で高校卒業後に就職したが、しばらく働いて、やはり大学に入りたいと思っても今の環境では難しい」など様々な経験談を読んだり話を聞いたりする中で、自分の将来の夢が決まりました。

人にはいろいろな事情があり、自分の力だけでは対処できないこともある。でも、みんなに学ぶ権利があり、置かれている環境のせいで勉強できないなどということは決してあってはならない。自分の行きたい大学を目指せない人や学びたいのに学べない人を救いたい、と思うようになったのです。

このような理想を実現できる職業は何かと調べたところ、官僚でした。特に文部科学省です。文科省の官僚になりやすい大学を調べると、東大法学部、早稲田法学部、中央大法学部で、これらを志望校に定めました。

次に考えたのは予備校です。２浪目も予備校に通うとなると費用がさらにかかるので初めは宅浪も検討しましたが、勉強のペースを維持するためと自分の成績の位置を確認するために、やはり河合塾に通うことにしました。

僕が予備校に通えるのは親がダブルワークを始めたり、貯金を取り崩したりとかなり協力してくれたからです。**「こんなにも自分のためにしてくれる親のためにも、必ず東大に受かって恩返しする」**と心に決めました。

１浪目は河合塾から与えられたテキストをもとに授業の予習復習をただやるだけの受け身の勉強でしたが、２浪目はそのやり方だけではダメと感じ、**自分の頭で「今何をすべきか」を考えて行動するようにしました。**

例えば、分からない問題があった時に、１浪目はそのままにしたり友達に聞いたりするだけでしたが、講師に直接質問するようにしました。

こんなふうに「東大に合格するために利用できるものは全て利用しよう」という考えに変わりました。

こうして「絶対に今年こそ東大に受かるんだ」という気持ちで授業がスタートしました。２

浪するのは友達の中では僕しかいなかったので、授業を一緒に受けているのは高校の後輩たちです。孤独との闘いでもありました。

4~7月までの授業は、正直「聞いたことあるよ」という内容でしたが、気を引き締めて、しっかり授業を聞きました。また、予習の段階から分からない問題がないように心がけ、あった場合には、その問題をコピーしてファイリングしました。

これだけでは、1浪時代と勉強の仕方が大して変わっていないので「このままではまた東大に落ちてしまう」と考え、前期の授業が始まった段階から科目ごとの担当講師に毎週特別に東大の過去問の添削をしてもらうようお願いし、積極的に動くようにしました。

受験勉強への飽きと悔しい思い

ところが6月になると雨が降り、空気がジメジメするので、「授業を聞かなくても知っているし、一緒に予備校に通う友達もいないし、家で勉強しよう」という気分になり、晴れて気が向いたら予備校に行き、それ以外は家で適当な時間に起きて勉強をするペースになってしまいました。

その影響は6月下旬の模試ですぐに出ました。4月、5月の記述模試では余裕で東大文一A判定であったのが、6月下旬の模試ではギリギリでA判定でした。この成績を見て焦った僕は再び気を引き締めて、7月、8月はしっかり予備校に通って、以前のように分からない問題をしっかり講師に質問し、つぶしていきました。

8月は東大模試の季節です。ここでA判定を逃してしまうと志望校を変えなければならないので、より一層気合いが入っていました。4月からずっと東大対策をしてきたので、あえて東大模試の対策はせず、前期で間違えた問題の復習に時間をかけました。

駿台、河合塾の両方の東大模試で無事にA判定を取ることができ、また、試しに受けてみた京大模試で法学部1位を取れたのは衝撃でした。この結果を受け、「4月からの勉強方法は間違っていなかったんだ」と思い、少しホッとしました。

過去2回、センター試験で思うような実力を出すことができなかったので、2浪目は10月から対策を始めることにしました。10月、11月の日曜日はセンターの過去問や予想問題集を全科目解く日として、形式慣れや時間配分を考えました。ちなみに、それ以外の日は東大の2次対策をしました。

そうこうしているうちに、11月の東大模試の時期がやってきました。現役、1浪目は直前に悩み、ドタバタと対策を立てましたが、3年目ともなると勝手が分かり、**「模試はマラソンでいう給水ポイント。ゴールとの残り距離を測るためのもの」**と肩の力を抜いてリラックスして受けられたので、駿台、河合塾の東大模試でどちらもA判定を取れました。

4月から11月までずっと東大文一A判定を取り続けると、さすがに自信が出てきて、東大に絶対に受かると思い込んでいました。

ところが12月になり、引き続きセンター対策メインの勉強を進めていたのですが、ここで正直、勉強に飽きてきていました。過去問はだいたい見たことのある問題で、予想問題も大手予備校が出しているものは全て解いていました。「センター対策でもうやるものはない」と勘違いし、勉強にそれまでの7、8割くらいしか集中できなくなりました。

しかし、「浪人するのはもう最後。二度とセンターは受けなくていいんだ」と思うと、「センター試験で今までの勉強の成果を出したい」という思いが強くなり、1月からまた毎日1年分ずつセンター形式の問題を解いていきました。

センター試験の前の週に、大学生になった同級生から成人式の楽しそうな写真が送られてきました。僕は受験生なので参加できませんでした。「この悔しい思いもセンター試験にぶつけよう」と、より一層やる気に満ちていました。

反省を活かせなかった受験対策

そして、センター試験当日。前日は緊張して寝られなかったけれど、いつも通りくらいはできたという手ごたえでした。

しかし、2日目が終わって自己採点をすると、780点。2浪目の模試ではほとんど9割を切ったことがなかったため、1年間で最も悪い成績を取ってしまいました。センターリサーチの結果もD判定。1年間ずっとA判定を取り続けたのに、最後の本番にD判定というのはかなりショックでした。

この崖っぷちの状態では、志望校をどうするかが問題になります。センターリサーチでは北海道大学や東北大学ならA判定でした。東大じゃなくて受かりそうな別の国立へ変更しようかと迷い始めました。「官僚になる」という夢も、「東大に絶対受かるんだ」という強い思いも忘れかけていました。

順調な1年間でしたが、**「センターの結果が想定よりも下回る可能性もある」と考慮できていなかった**ことは反省点です。でも結局、そこで他の国立に出願して対策をし始めるよりも3年間対策をしてきた東大に出願したほうが受かるのではないかと考え、東大に出願することにしました。嬉しかったのは、この出願は親も賛成してくれたことです。

もう一つ、1浪目の反省を活かせていなかったこととして、**東大に比べて私立大学の対策を怠っていた**ことがあります。やはり2浪目も、センター試験が終わってからバタバタと対策を始めました。中央大法学部はセンター利用で取るつもり満々で、一般試験の対策を全くというほどしていませんでした。あらかじめ最悪の状況も考えて、中央大の過去問の対策をしていれば少しは気が楽だったのではないかと後悔しています。

中央大と早稲田の対策・受験をしているうちにあっという間に東大受験1週間前になってしまいました。もうすでに東大A判定の論述を書く力は残っていませんでした。

東大受験の前日は「3年間の受験生活の集大成だ」と緊張して眠れず、そんな中で当日を迎えました。1日目の国語と数学は得点源であったため、始まってしまえばリラックスして解答することができました。

2日目の地歴もずっと得意であったので不安はなかったのですが、毎年失敗している英語は不安要素でした。いつも通り60点ぐらいできれば合格できると確信していましたが、英語をやり終えた感想として「いつもよりはできなかったけど、そこまで酷い点数ではないだろう」と思い、9割5分受かったと思っていました。

しかし、結果は東大の開示得点は350・3333点（センター：95・3333点、国語77点、数学50点、日本史48点、世界史36点、英語44点）。合格最低点（351・8333点）まで1・5点差で不合格。

2浪目の受験結果は、東大文一が1点落ち、早稲田法学部が補欠合格（結果、不合格）、中央大法学部が合格、となり、中央大法学部に進学することとなりました。

僕の東大受験は失敗だった、と言えるかもしれませんが、YouTubeでの発信やイベントなどのPASSLABOでの活動を通して教育に携わる中で、「学びたい人が学べるようにする」という理想を叶える選択肢がさらに増えました。そして、**何よりも「やりきった」という体験は人生の宝物になりました。**

これが僕の現役～2浪までの受験のリアルです。

僕の経験を通じて、まず伝えたいことは「**周りに流されるな**」ということです。自分の人生は自分で決めるものであり、自分が周りにどう見られようと関係ありません。自分の意志のままにこれからの進路は決めてほしいなと思います。

次に伝えたいことは「**しっかりと受験に向き合え**」ということです。受験勉強をしようと思うきっかけは正直何でもいいです。でも、勉強をすると決めたら勉強に全力投球してほしいです。そこでの努力は決して無駄になりません。

世の中には受験は受かってこそ意味があると考える人がいるかもしれませんが、僕は、**受験は結果に満足できたかどうか**だと思います。人生の中で努力あるいは辛抱しなければならないタイミングはたくさんあると思います。その中で、あの時のつらい経験に比べればなんてことないと思えることが重要だと考えています。その、あの時のつらい経験＝今、受験で苦しんでいる経験です。そうなるためにも今苦しみましょう。

納得できないまま大学に進学すると、いつまでも落ちたことを後悔します。現に自分の身近にいます。その後悔している時間はもったいないですよね。そうならないためにも、今、努力をしてください。

長い、僕の体験談に付き合っていただきありがとうございます。この体験談が読んでいる方の少しでも参考になれば嬉しいです。

改めて貴重な話を聞かせてくれてありがとう。みなさんも「結果に満足できる受験」をするために、戦略的に学んでいってほしいと思います。

第2章

誰も
教えてくれない
受験のリアル

I

僕が受験生のみんなに
絶対に伝えたい
6つのこと

濃い第1章だったなー。

くまたんの話は知ってたけど、改めて読むといろいろと感じるものがありますね。

さて、いよいよこれから勉強の仕方について話すわけだけど、みんな受験時代、勉強の仕方についてどう考えてた？

試行錯誤の毎日でしたね。勉強の仕方は大事なので。

試行錯誤というと？

自分に合った勉強法を模索し続けていました。

あいだまんは、それを見つけられたの？

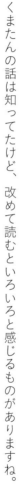

はい、自分の中ではやり方を確立していましたよ。

僕も自分の中では「これだ！」ってやり方が確立してましたね。

それぞれに型があるわけだよね。

うん、ただ僕のやり方がみんなに当てはまるわけではないかなと。

僕は、くぁないさんみたいな体育会系勉強法が苦手です（笑）。

あいだまんが我慢嫌いなのは、見た目でよく分かるよ（笑）。

でも、みんな共通して当てはまる重要なこともあると思う。

お！

そして、これが勉強で一番大事なことだと確信してる！

おや？　まさか僕の嫌いな根性論ですか？

根性論ではないんです。合理的で納得できる内容です。

この章をご覧いただき、一人でも多くの方の不安や悩みを払拭できればなと願っています！

まるでくぁないさんが書いたかのようなもの言いですね（笑）。

くぁないの言う通りで、この章はめちゃくちゃ力入れた！（笑）。

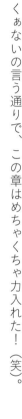

勉強法よりも大事なことですか。気になりますね。

自らハードル上げていくスタイル（笑）。

あのー。僕も話に交ぜてもらっていいですか？

君の出番は第1章で終了！

①「楽で完璧な勉強法」はない！

突然ですが、みなさんは「勉強法」と聞くとどのようなものを思い浮かべますか？

「効率良く英文法を終わらせる方法」

「難しい理論を簡単に理解する方法」

「1日10分、2週間で英単語帳を覚える方法」

というように、できるだけ楽に、そして短期間で結果を得る方法論を連想する人が多いかもしれません。実際にインターネットで勉強法を検索すると、「効率の良い」と頭に付く勉強法がたくさん出てきます。

これらはダイエットで言うと、「好きなだけ食べても太らない方法」「飲むだけでやせる」「1日3分の運動でOK」といった類のものになると僕は思います。勉強法の例ではあまり感じなかったかもしれませんが、効率の良いダイエット方法となると途端にウソくさい印象を受ける人も多いかもしれませんね。

では、果たして「1日3分の運動」でやせる方法を実践して、本当にやせることができるのでしょうか。

僕は、楽してやせたい！と効率の良いやり方に飛びついた人は、やせるのは難しいだろうなと思ってしまいます。そのダイエット方法が胡散臭くて効果がないと思うからではありません。方法自体が悪いのではなく、ダイエットをしようとする人の意識に問題がある場合が多いからです。

まず、つらいことを避けて楽な道を求める人には、本気でやせようという熱量と覚悟が足りませんし、楽々と達成できるダイエット法があると思ってしまっている節もあるのでしょう。

これだけ聞くと、「どうせ勉強も、毎日の努力が大事とか言うんでしょ」と思うかもしれません。でも僕が伝えたいのは熱量や覚悟を持つことが大切である、ということではないんです！

僕の考えとして、楽してやせようという人に共通している一番の問題点は、**「理想が高すぎる」**ということです。

つまり、**単に効率の良い方法では物足りず、とことん楽で結果を出せそうな方法が見つからないとやる気にならないのが、非常にもったいないんです。**

実際にダイエットを始めても自分の予想より少しでもつらかった場合は「もっと良いダイエット方法があるのではないか？」と今の方法をやめて、また一から他の手段を模索してしまう人は多いでしょう。

その結果、いろいろ試しても長続きせず、やせることができないという悪循環ができてしまいます。そしてやせられなかったのは方法が悪かったから、と思ってしまうケースが多いでしょう。ちなみに僕の友達は、朝バナナダイエットを試みるも2週間でやめてしまったのですが、その理由は「バナナに飽きたから」だと言っていました。簡単なものほどやめてもダメージが小さいので飽きやすいのかもしれません。

②勉強法コレクターはNG！

実はこのダイエットの話と同じように、勉強法に対して理想が高すぎる受験生を僕は多く見てきました。そういう人は「勉強法こそが何よりも重要である」と考えています。「最短・最速で結果が出るルートが見つからなければ、伸びるかどうかが不安なので勉強に手がつかない」と、僕がオンラインで教えていた高2の生徒も言っていました。この状態が受験生として健全な状態でないことは言うまでもありません。

また、次のような考え方もあまりよくありません。

「成績が伸びないのは、勉強法が悪いからだ」

確かにその可能性もありえます。ただ、原因の100％を勉強法に委ねるのは間違っていると僕は思います。

実際には成果が出る前に1か月かそこらでその勉強法を諦めてしまっているかもしれません。**「勉強法」という抽象的なものの効力を信じすぎてしまうと、個々の具体的な勉強のやり方を簡単には信用できなくなるというパラドックスがある**と僕は思っています。

参考書でも、1冊をやりきらないうちにもっと役に立ちそうなものや誰かに勧められたものに「浮気」をして、結局どれも中途半端のまま実力が上がらなかったという経験はありませんか？

僕はまさに高校1年生の時にこのタイプでした。焦っていろいろ手を出してしまうと結局どれも終わらないものです。高校生の頃の僕にとって参考書を揃えるのは高い買い物で、お小遣いをなんとかやりくりして買っていました。それを無駄にしてしまったことを今ではとても反省しています。

みなさんも参考書を買う時には本当にそれが自分に必要なものかをよく考え、頭の中の会議をしっかりと通してから買うようにしましょう。

ここまで話してきた通り、「理想の高い人」は完璧な勉強法を求め、自分の理想より少しでも低いものだとやめてしまうということが多く、本当にもったいないなと思ってしまいます。

完璧な勉強法を求めすぎると、他の勉強法をインターネットや本で探してもなかなかいいものが見つからないので、勉強を始める前の段階でやたらと時間を使ってしまい、肝心の勉強する時間が短くなってしまいます。勉強をしている最中も本当にこれで大丈夫かと不安になって、当然成績は伸びにくいです。

少し厳しいことを言っているかもしれませんが、みなさんには僕が高校1年生の時になってしまった、勉強法にはやたら詳しいけど結果につながらない「勉強法コレクター」には絶対になってほしくないので、最初にこのようなことを書いています。

③自分にとっての正解を見つける

僕自身、勉強法にはもともと正解と不正解があると思っていました。効率の良いものが正解であり、そうでないものは間違っていると考えていたのです。同じようなことを思っている受験生は多いかもしれませんね。

しかしその基準は絶対的なものでは決してないことに気がつきました。**ある方法で成績が伸びたのならば、それがどんなに側《はた》から見て効率が悪いように思えても、その人にとっては正解なのです。**

例えば英単語を覚えるという勉強一つを取ってみても、視覚的に覚えたり、紙に書いて覚えたり、口に出したりと様々な暗記の方法があると思います。

それだけではなく、とりあえず早い段階で単語帳を1周終わらせて、その後何周もして徐々に記憶に定着させていくか、最初から1単語1単語をしっかりと覚えようとするかなど、これも人によってやり方が分かれるところでしょう。

人によって好みや得手不得手が違うわけですから、どの方法が正解と決めることはできませんし、万人にとっての正解は存在しないのです。**重要なことは「あなたにとっての正解」を見つけることです。**

難しいことに、成績というのは最初が一番伸びにくく、軌道に乗った時にスピード感が加速して上がっていくものなので、その方法が正解かどうかは最低でも2～3か月間やってみないと実は判断できないんです。

本当は自分にとっての正解であるにもかかわらず、1か月も経たないうちに諦めてしまうのは、非常に残念なことです。時間がなくて焦る気持ちも十二分に分かるのですが、受験とは伸びない自分との我慢比べであり、基本的に何事も継続すればそれなりの成果が出ると僕は思っています。

例えば長い時間と労力をかけて英単語帳をやったものの、出てきた英単語の中の1割しか覚えられなかったという人はなかなかいないでしょう。

そう考えると、**続けないことが一番の不正解**なのです。

④Just do it! とりあえずやってみよう

さて、先に述べた通り、「理想が高すぎる人」は効率を追い求めてとにかく最短経路で進もうとします。効率を求めること自体は、限られた時間を有効に使うという点で決して悪いことではないですが、そればかりに囚われすぎると勉強が続かないので、逆に遠回りになってしまう可能性が大きいのです。

その前に、受験において効率よりもよっぽど重要なことがあります。それは**「心の姿勢」**です。

「心の姿勢」などと聞くと、「出た、根性論！」と思う人もいるかもしれません。**でも、ここを乗り越えれば、確実に成績は上がります。合格に一歩近づきます。**

「心の姿勢」という言葉をもう少し噛み砕いていうと、厳しいものを受け入れる「覚悟」。これが受験生のみなさんには必要です。受験の厳しさから目を背けていては、いつまで経っても「楽な方法で勉強したい」という考えから抜け出すことは難しいでしょう。

そして、「学問に王道なし」という言葉があるように、楽な方法というものは残念ながら一つとして存在しません。

みなさんの学校で一番頭のいい人を思い浮かべてみてください。その人はずっと遊んでいて勉強をしていないような人ですか？　おそらくそうではなく、むしろ早い段階からコツコツと勉強を続けてきた人ではないかと思います。

「なぜその人は頭がいいか」の答えは「勉強しているから」という超シンプルなものであり、裏技的なテクニックや誰でも成績が伸びるような勉強法を知っているからではないはずです。

「なんだ、簡単に成績は上がらないのか」とがっかりする人もいるかもしれませんが、むしろ、それこそが勉強の良さであると僕は思います。頑張っていない人も報われるのなら、本当に頑張っている人が納得しませんし、頑張ること自体が馬鹿らしく思えてきちゃいますよね。**勉強はその点とてもフェアです。誰にとっても今後の努力次第で巻き返せるチャンスがあるんです。**

世の中、すぐに手に入るような物に大きな価値などありません。手に入るかどうか分からなくて、苦しみもがきながらやっとの思いで手に入れたものにこそ、喜びや感動が伴うものだと僕は思っています。

何の苦労も努力もせずに当然のように第一志望校に合格する人など滅多にいません。そのことは合格発表の時に、満面の笑みで普段はしないようなガッツポーズをして喜ぶ人たちを見ても明らかだと思います。

結果的に受かった人も、落ちてしまうかもしれない不安を抱えながら、ギリギリの闘いに勝ってきたのです。人生どんなことも努力すれば必ず報われるとは思いませんが、少なくとも合格という形で報われる人はみんなそれぞれ必死に頑張ってきた人です。

それならやるしかないと思いませんか？

「Ｊｕｓｔ ｄｏ ｉｔ（とりあえずやってみよう）」

これは、スポーツ用品メーカーＮＩＫＥのキャッチコピーでもありますが、僕が受験生の時に特に意識していた言葉でもあります。

やり出す前からあれこれ考えたり調べたりしても、やりだしたら予想と全然違うということはしょっちゅうですし、長い間試してみないと分からないものだらけです。慎重になって最初の障壁を高くしてしまうのではなく、まずはやってみてください。

そして、ちょっとやそっとでは上手くいかないからといって全く違う他のものに手を出すのではなく、その時は「何が問題なのか、なぜ上手くいかないのか」を考えてみましょう。

そうです。**大事なことは「自分の頭で考える」こと**です。これこそが、僕とＰＡＳＳＬＡＢＯの仲間が伝えたい勉強法の真髄ともいえるかもしれません。

例えば、僕は英語の長文を音読する時に、最初はまっさらな文章をそのまま読んでいたのですが、単語の羅列を読んでいるだけであまり効果がないなと実際にやってみて気がつきました。しかし、だからといって音読には意味がないと切り捨てることはせず、どうしたら効果的な音読になるかを考えることにしました。

単語の羅列じゃないようにするにはどうするべきかを自分なりに考えて悩んだ結果、解説を見つつ長文にSVOC（文の要素のマーク）や文章の中のかたまりに印をつけてから音読するという方法を思いつきました。

すると驚くほどに音読がしやすくなって、最終的には初見の文章の構造もすぐに分かるようになりました。本当に些細な工夫でいくらでもその質や効果は変えることができるんです。

この試行錯誤こそが「自分にとっての正解」を導き出す最短経路であり、大きな意義を持ちます。音読の方法を他人から聞いても、その方法は僕には意味がなかったかもしれません。なぜなら、「単語の羅列になってしまう」という僕がぶつかった問題を解消できるものかどうかは分からないからです。

勉強のやり方にも失敗を経験したからこそ見える視点があります。もし、僕が失敗を経験せず勉強していたら、他の勉強の仕方が気になったりして、目の前のことに集中するのは難しかったでしょう。

やって無駄なことなど一つもありません。**失敗、すなわちそれはNGを潰せたということ**なんです。NGを一つ一つ潰せたからこそ自分のやり方に自信が持てるし、その失敗した経験も見えないところで自分自身の血肉となり、成長を促してくれます。

だから、失敗を恐れず行動するのみです。

自分の失敗の原因を自分で分析し、改良しながら勉強を進められる人は、ただ他人が言っていたことをやるだけの人に比べて圧倒的に伸びます。これは間違いありません。勉強が楽しくなりますし、自分に対して絶大な自信と信頼を持って勉強に邁進することができます。

だからこそみなさんも、効率はあまり意識せずにまずはやってみて、そこから軌道を微調整していきましょう。

もし長い期間やってもどうしても上手くいかないなら、他の人にアドバイスを求めましょう。これは後にも詳しく書きますが、最初からどうしたらいいかを聞くよりも、そのほうがよっぽどいい質問ができるはずです。

⑤後悔しない受験をする

「はじめに」でも書きましたが、僕は仲間の協力を得て、ＹｏｕＴｕｂｅチャンネル「ＰＡＳＳＬＡＢＯ ｉｎ 東大医学部発『朝10分』の受験勉強ｃａｆｅ」を令和元年の5月1日に開設しました。

それからというもの、僕たちは動画を撮影して投稿するだけではなく、専用のＬＩＮＥや動画のコメント欄で受験生をはじめとする多くの方々から質問を受け付けてきました。学年や出身地、志望校、周りの環境や状況は人によって大きく違いますから、質問は多岐にわたっています。

その中でも、夏休み明けによく受験生から届くものがあります。それは、「このままで受かるか」というものです。この質問をしたくなる気持ちはとても分かるのですが、逆に僕からこう聞き返したくなるんです。

「受からないと言われたらやめるんですか？」

学校の先生や塾の先生で、「成績が悪いから志望校を下げたほうがいい」と進路相談で生徒におっしゃる方がいるという話をよく聞きますが、僕はそのようには言いたくありません。志望校を無理やり下げると、生徒が諦めきれない想いのまま勉強に身が入らなくなってしまい、レベルを落としたはずの大学にも落ちてしまうケースを僕はたくさん知っています。

みなさんには**「後悔のない受験」**をしてほしいと思っています。それは第一志望校に合格することと必ずしも同義ではありません。

僕の教え子の中に、東大の理科一類にあと0・1点足りずに落ちてしまい、そのまま慶應義塾大学の理工学部に進学した女の子がいました。

不合格と分かってからの数日は悔しさでものすごく泣いたそうですが、慶應に進学した4月に直接会った時は、すごく晴れ晴れとした表情をしていて、それがとても印象的だったんです。

僕は彼女にこう聞きました。

「あと0・1点ですごく惜しい結果だったのに、浪人は考えなかったの？」

すると彼女はこう答えました。

「もちろん考えたんですけど、この1年間やりきった結果なので大きな悔いはありません。東大にこだわってあと1年頑張るよりは、置かれた場所で咲くために頑張るほうが自分のためになると思ったんです」

すでに未来に目を向けて動き出した彼女はすごいなと本気で思いましたし、後悔のない受験をすることの大切さを教えてもらいました。ここまで言えるのは本当に受験を闘い抜いてやりきった証拠ですね。

みなさんにも、後悔のない受験をしてほしいと心から思います。そのためにも自分の志望校という非常に重要なことに関しては、最終的に自分の意志を貫き通してほしいと思います。

先生や家族に言われたから変えたというのは、その時点ですでに後悔を生んでしまってはいませんか？

勉強法も同じです。自分の決断なら、ある程度納得はできるでしょう。一番僕が嫌だなと思うのは、誰かに判断を委ねてその結果達成できなかった時に、その人のせいにしてしまうことです。

「あなたの受験はあなたのもの」

この鉄則を忘れないでください。

⑥丸呑みしないで自分の頭で考えよう

この本は一言で言うなら勉強法の本です。これから細かな知識やテクニックを伝えていきますし、この本を読んでくださる人の多くがそれを望んでいると思います。

ですが、何度も言っているように、全ての人に当てはまる勉強法は存在しませんし、自分に合ったものを試行錯誤の中で見つけていくことこそが、勉強の本質かつ醍醐味だと思っています。

なぜこのように、ある意味勉強法の本としてふさわしくないようなことを最初に説明しているかというと、みなさん自身の考えをしっかり持った上でこの本を読んでほしいからです。勉強法の本の中には、受験生のニーズに合わせて効率的なテクニック重視で書いているものが多く、本質を伝えている一部の貴重な本は、埋もれてしまうことも多いように感じます。本質を伝えていない勉強法の本が流通すればするほど、勉強経験の浅い人は方法こそが大事だと思い込んで勉強法コレクターになってしまいかねません。それが招く悲劇はすでにお伝えした通りです。

みなさんにはそうなってほしくないので、はじめに本質を書きました。その上でこの後の内容に関しては、みなさんにとって必要な情報とそうでないものをきちんと取捨選択しながら読んでください。

例えばスケジュール管理のやり方などもこの本で伝えますが、すでにスケジュール管理をやっていて上手くいっている人は、僕とやり方が違っても自分を信じて進めてください。

ですが、やったことのない人はとりあえずやってみてほしいですし、なかなか続けられなくて困っている人は自分の失敗の原因を探す参考にしてください。

このように書くと、本の内容に自信がないのかと言われてしまうかもしれませんが、僕自身今まで様々な経験をしてきた上での内容になっているので、最後まで読んで「ためになった」と感じてもらえる自信はあります。

何かしらの発見はあると思いますし、ここまでの本質的な話で意識が変わったと思ってくれる人が多いと、とても嬉しいです。

大切なのは、この本に書かれている内容を、自分の考えもなしに「丸呑み」しないことです。

「東大医学部を卒業した人がやっていた勉強法なら全て正しい」はもちろん違いますし、困っている全ての受験生をこの本で救えるとも思っていません。まずは何より大切な「心の姿勢」を身につけて行動できるかが勝負なわけですから。

文字通り、この本がみなさんの「一助」となれば幸いです。

Ⅱ

受験生にとって大事な3つの意識改革

僕の高校にもいたんですけど、普段の態度で先生から嫌われやすい人いますよね？

この中だと絶対にくぁないさんですよね（笑）。

損したエピソードある？

友達が女体を机に彫った事件が、俺の仕業になってて怒られた（笑）。

印象悪いと損するよね。先生から嫌われるといいことない。

そういった処世術とかも受験で学ぶこと多いね。

友達付き合いとかの考え方も、受験を境に変わるよね。

ん？　嘘つくなよ（笑）。

天彗さん友達いないですよね？（笑）。

おるわ（笑）。少しだけ……。

一緒に励む友達がいることで良い方向に行く話も多いですが、カップル受験生は全員落ちているイメージです。

個人的にそうであってほしいだけだろ（笑）。

彼氏彼女がいても、ちゃんとコントロールして受かる人はもちろんいるけど、勉強と恋愛のバランスを取るのは難しいのは確かだね。

でも、本当に人付き合いとか全部含めて受験だと思います。

ただ勉強すればいいってわけでもないですよね。

そうだね。僕も少し人間関係に困ったことがあったし、今だからこそ「こうしておけばよかった」と思うことたくさんあるんだよね。

僕は受験期の頃はひたすら一人でした。友達もいない。

目に浮かぶ（笑）。俺は真逆だったから性格にもよるね。

ここでは、僕が思う健全な人付き合いを中心に3つの意識改革について書きました。参考にどうぞ！

①「謙虚」になろう

日本人には、「謙虚で素直な姿勢こそ美徳である」という意識がどこかにありますよね。人の意見や教えを全然聞こうとしない人は周りから疎まれやすいものです。

僕も小学生の時には、母から「謙虚になりなさい」と幾度となく言われて育ちました。ですがその理由をきちんと説明してくれる大人はいなかったですし、そう叱られた時には「はい！」とは言うものの、なぜそうしなければならないのかに関しては、「素直に言うことを聞かないと神様が怒ってバチがあたる」といった神話的な話だと思っていました。

でも大人になってから、なぜ謙虚である必要があるのか、その理由がはっきりと分かりました。そしてそれは、**成績の伸びやすさにとても影響を与える**のです。

次のような例で考えてみましょう。

サッカー選手になりたいという夢を持つ、AくんとBくんがいたとします。二人がみなさんに質問してきました。みなさんがサッカーコーチとして指導する場合、どちらの子をより教えたいと思いますか？

Aくん「あとシュートを何回練習すれば、上手くなりますか？」
Bくん「シュートをいろいろな方法で練習しても、試合だとキーパーに取られてしまいます。キーパーが取れないような鋭いシュートを打ちたいのですが、どのようなトレーニングがおすすめですか？」

たいていのコーチは「Bくんのほうを親身になって教えたい」と言います。Bくんの質問には、具体性があるということ以上に、ある程度自分で努力をしてきたからこそ自覚できた弱点や悩みが見てとれるからです。

やれることはやったものの、自分の力だけでは現状打破をすることが難しいと判断した上でアドバイスを求めていることが伝わってきます。

一方でAくんの質問はどうでしょう。工夫して練習をしたり自己分析で弱点を見つけたりしようという気概が感じられるでしょうか。

Aくんにとってシュートとは、サッカーで勝つための手段ではなく、シュートを何回もこなすこと自体が目標かつタスクなのだと、この質問からは判断されかねません。

そして「Aくんのような生徒に何かしらのアドバイスをしても、実際にAくんがそれを実行する可能性は高くはない」と言うコーチも多くいるでしょう。

なぜなら、いろいろ試した上で必死に相談しているBくんとは違って、Aくんはそこまでがむしゃらになろうとしておらず、コーチからアドバイスをもらったとしても、それだけで満足してしまいやすいからです。

結果として、「そのアドバイスを行動に移そう」とはなりにくく、仮に行動してみてもそれが自分にとって難しい内容であればすぐにやめたくなってしまうかもしれません。

なお、Aくんの質問に対するコーチの返答は、「上手くなるまで」としか返しようがなく、これでは的確なアドバイスが得られたとは言えませんよね。

質問をすること自体は決して悪いことではありません。ただ僕の経験上、自分で試行錯誤する前からいきなりどうすればいいかと聞くよりも、**いろいろ試したけど上手くいかないから質問をする時のほうが、教わった内容を深く受け止めることができるし、素直にそれを実行したくなるため成績が伸びやすい**です。

先生やコーチはもちろん教えることを仕事にしている人たちなので、生徒から何か聞かれた時にはしっかりと答えようとしてくれるでしょう。しかし、生徒が教わったことを適当に流してばかりなら、いくら気のいい先生でもそのうち質問に答えることに気が進まなくなると思います。

教える側に「教えたくない」という感情を働かせてしまうのは、非常にもったいないことです。だからこそ、質問する前に自分である程度試行錯誤してみることがとても大切です。その頑張りが伝われば、きっと先生も親身になって相談に乗ってくれるはずです。

これが勉強においての「謙虚」ということなのです。**人に教わる際にこの気持ちがあると、まさに最高の結果を引き寄せることができます。**

謙虚になると周りは自然と応援してくれるようになります。スポーツ選手が良い例です。サッカー日本代表の久保建英選手やキックボクシングの那須川天心選手、メジャーリーガーの大谷翔平選手など、インタビュー時の非常に謙虚な受け応えやひたむきな練習姿勢を見ていると、この人を教えたいと思う人は多いのだろうと感じますし、ファンとして応援している人もたくさんいます。

勉強も同じです。謙虚になることで、困っている時に多くの人が手を差し伸べてくれるようになります。そのほうが断然、何ごとも有利ですよね。

②スマホだけでつながる友達に気を遣わない

謙虚になるということと、誰に対してもいい顔をして仲良くするのとは少し違います。過去のセンター試験に出題された現代文の文章の中に、「今の中高生はクラスの中の自分の立ち位置を見極め、そのキャラを演じるのが上手い」というような内容が書いてありましたが、僕にも思い当たる節があったので「なるほどな」と思いました。

もちろんクラスの人と仲良くするのはすごく大切なことです。しかし、そのキャラを守ろうと必要以上に交流をしてしまうと、それが勉強の足かせになってしまうかもしれません。

今は学校や塾で実際に顔を合わせなくとも、SNSを通じて友達と会話をすることができます。みなさんは1日の中でどれくらいの時間をスマートフォンの前で過ごし、友達とのコミュニケーションに使っていますか？

席に座ったら参考書などのテキストを取り出す代わりに、まずはスマホを手に取ってLINEを開き、友達から届いていたメッセージに返信する。その後インスタグラムを開いて、ストーリーにコメントしたり、投稿に「いいね！」をつけたりする。

インスタグラムに満足したら、次はツイッターに移動して一通り面白い投稿を見て回っていると、友達からＬＩＮＥが返ってきたので再びＬＩＮＥに没頭。

そのうちグループＬＩＮＥもどんどん盛り上がってメッセージが飛び交っているので、そこに乗り遅れないように自分もメッセージを送る。既読を付けたからには返さないと何を言われるか分からないので、その会話が終わるまで参加。

そして会話が終わって、気づいた頃にふと時計を見たら、２時間以上もスマホに時間を使っていた……。

このような経験、ありませんか？

今の日本において、スマホに多くの時間を取られる高校生が非常に多いことは周知の事実です。

友達との気楽な会話は確かに楽しいですが、終わった後になって時間を無駄遣いしたと感じ、後悔するのでは遅いです。

このまま勉強よりもキャラや友達関係の存続のために頑張ってしまえば、希望する大学に受かるはずがないことは想像に難くありません。

僕が受験生であった時からスマートフォンはすでに広く世の中に普及していましたが、今の受験生よりは誘惑が少なかったと思います。

僕が高校生の時に持っていたのは、電話やメールしかできないようなガラパゴス携帯（ガラケー）だったのですが、周りの友達を見るとスマホでパズドラやｍｉｘｉ、それからツイッターをやっていました。インスタグラムは存在していましたが、ブームが来る前だったのであまり人気がなかったです。

今ではテレビでよく見る有名人たちもチャンネルを作るＹｏｕＴｕｂｅですが、この頃はインターネットに強い人や詳しい人だけが見ている感じだったので、受験生がスマホを持っていたとしても、そのために勉強時間が足りなくなる危険が少ない時代でした。

それからたったの数年間で僕たちを取り巻くＳＮＳの環境は一変したのですから驚きます。今やスマホの誘惑は「底なし沼」だと僕は思っています。ＬＩＮＥ、ツイッター、インスタグラム、ＹｏｕＴｕｂｅというＳＮＳ四種の神器に、スマホゲームやテレビの見逃しコンテンツなどを含めれば、1日を簡単に終わらせることができてしまいます。

そして、これらは一度連鎖してループができてしまうとそこから抜け出すのが困難であることは、実感をもって納得してもらえるはずです。

僕も大学生になってからの中間試験で大事な時にスマホにどっぷり依存してしまった経験があって、その時は勉強しようと重い腰を上げても集中力がなく、さらに悪いことに「集中したくない」という精神状態になっていました。

そのような状態で「1日2時間だけスマホを触る」などと自分で規制を作ってもそれを守ることは難しく、もはや残された手段はスマホからの完全な断絶でした。

僕がとった行動は、普段使っていないリュックサックの底にスマホを入れ、その上にやはり使わない大量の教科書や参考書を山積みに入れてファスナーを閉じ、さらにそのリュックを押入れの奥に入れるというものです。

ここまでする必要があったかと聞かれたら、確かにやりすぎだと思わなくはないですが、例えば「移動中に連絡を確認するだけ」などと規制したところで、一度触ってしまったらもっとやりたくなってしまいます。それが現代で問題とされているスマホ依存の怖さです。

みなさんの中に、半年以内に受験を控えているにもかかわらずスマホに多くの時間を溶かしてしまい、やめられないという人がいれば、**使用時間を短縮する制約を作るよりも、全く触らないようにするための処置をしたほうが賢明**だと思います。

スマホを完全にやめた場合、みなさんが恐れるであろうことは、「ここまで築き上げてきた友達関係が崩れてしまうのではないか」だと思います。「SNSをやっていないと流行についていけないかもしれない」「仲間外れにされるかもしれない」このような考えからスマホを触ってしまう人は多いですよね。

しかし考えてみてください。学校が終わってから就寝までの6〜8時間、ＬＩＮＥで会話ができないからといって嫌われるのであれば、その人は本当の友達と呼べますか？

翌日学校で顔を合わせて十分に話せるにもかかわらず、なぜ、むしろ顔を合わせない時間のほうがより重要となってしまうのでしょうか。「もし緊急の用事があるなら家に電話をしてほしい」と伝えておけば、困ることはあまりないと思います。

最近ではＬＩＮＥのステータスメッセージで「ＬＩＮＥ見ません宣言」をしている人もいますが、それを見て「この人とは縁を切ろう」と思う人がいるならば、もともとその程度の関係性だったということになります。

③有限の時間を自分のために最大限使う

僕は、受験を通して「生涯の友達」が誰か、見えてくると思います。ちなみに僕の場合は香川から東京に出てきたこともあって、その人数は片手で数えられるくらいです。でもその友達はもちろん今でもかけがえのない大親友です。受験生の頃、彼らとSNSで頻繁に交流したりしていませんでしたが、それでも「生涯の友」であれば、お互いに切磋琢磨し合いながら、一緒に勉強も頑張っていけるものです。

有限である時間を、自分のために最大限使える人が受験において有利です。優しくて明るい性格の誰からも好かれるタイプの人は、つい自分よりも友達を優先してしまって受験で苦労するかもしれません。受験生である時間をどのように過ごすかによって、その後の何十倍もの時間が変わりうることをぜひ心に留めておいてください。

もちろんいい大学に入ればいい人生が待っているとも限りませんが、僕自身は受験生の時に死ぬ気で頑張ったからこそ、今では努力し続けることが全く苦ではなくなりましたし、ちょっとやそっとのことではつらいと思わなくなりました。

仲良くなる人は自分の成長によって変わっていきます。昔は意気投合していた人も時が経ち、久しぶりに会うと「なんだか昔よりも一緒にいて楽しめないな」と思うことがこの先待っています。

それを薄情なことだと思う人もいるかもしれません。でもそれは仕方のないことだと思います。今までは同じクラスや部活といった、コミュニティが同じで仲が良いという関係性が多かったと思いますが、そのコミュニティから離れて新しいコミュニティに属すると、関係性が変わるのは当然です。

一方で、時間が経っても、長い間連絡をしていなくても、自分から久しぶりに連絡を取って会いたいと感じる人もいると思います。そういう人こそ、本当の友達ではないでしょうか。

受験は自分自身の価値観や基準値を変える力を持っています。自分勝手でわがままな人は社会に出たら問題かもしれませんが、受験生の時くらい自分を一番大切にしても許容されるものです。

「自分ファースト」が許される最大のチャンスを無駄にしないでほしいと心の底から願っています。

第3章

勉強の3原則は「目標×戦略×データ分析」

I

原則①
ワクワクする
高い目標を立てる

第1章、第2章は、どこの本にも載っていないような内容でしたね。

うん、後悔のない受験をする大切さがよく分かりました。

個人的には、第2章の謙虚さの話が好きでした。

すげーらしくない発言するやん（笑）。

さて、第3章。ここでは何を話しますか？

好きなＹｏｕＴｕｂｅｒについて語らおうではないか。

ＰＡＳＳＬＡＢＯ！

これ以上ない身内贔屓！（笑）。

さて、第3章では、受験における、目標、戦略、データ分析について語り明かします。

目標とか戦略とか、データ分析も意識してこなかったんだよな〜俺。

くぁないさんはその日の気分で勉強してそう。

データ分析とかは学校では習わんもんね。

僕も勉強の仕方ばかりに目がいってました。

だからこそ、勉強データの大切さについて説きたいんよね。

ＹｏｕＴｕｂｅを始めてからより一層重要性が分かりました。

受験生が自分一人で気づくのは難しいね。

そこなんよね。どんどんデータを活かしてほしい！

天彗さんの中でデータを活かすとは？

選択や決定に確実性を与えること、かな。

選択や決定に確実性を与えること、かな（笑）。

真似すんなや（笑）。

「かな」の部分でめちゃドヤってましたよね、真似したくなります（笑）。

結構みんな「こうだろう」って臆測で行動しがちゃん？

それをデータをもとに行動すれば良いと？

そうそう。今やってる勉強が正しい根拠にもなりうる。

俺らのＹｏｕＴｕｂｅでもデータをもとに改善するもんね。

そう！　何を改善すればいいかってのもデータから分かる。では、まずは勉強の３原則の「目標の立て方」についてからスタートします！

なぜ志望校を決めるのか

まずは目標についてお話しします。一口に目標と言っても大小様々なものがありますが、大きいものから順に取り上げていきたいと思います。

受験において最も重要で最も大きな目標である、「志望校」の話から始めましょう。

そもそもなぜ受験生は志望校を決めなければいけないのでしょうか。

学校の先生や親から「志望校を決めなさい」とは言われても、その理由とメリットまで教えてくれる人はそういないですよね。志望校を決めるということが当たり前すぎて、その意義を改めて考えることは滅多にないと思います。

僕も志望校をどこにするかは真剣に考えましたが、なぜ選ぶのかについては1ミリも考えたことはありませんでした。受験生の時に「なぜ志望校を決めるのか」と聞かれたら、呆気にとられて「え？」と聞き返していたでしょう。

しかし、志望校選びの具体的なステップを知る前に、その根本にある志望校を決める意義をきちんと理解しなければ、せっかく決めた志望校という大きな目標もその効力が薄れてしまいます。この機会に一緒に考えてみましょう。

例えば、「志望校という最終的なゴールがないと、それに向かって頑張ることができないから」というのは、志望校を決める理由として想像しやすいものだと思います。確かに受験という長期的な闘いにおいて、そのゴールが不確定だと努力の方向音痴になってしまいやすいのは間違いありません。しかし、この説明だけでは不正確だと僕は思います。

もし、「とりあえずいろいろな大学に受かるほどの実力を身につけておいて、直前期に受ける大学を選べば良い。そのほうが志望校を一つに決めるよりも可能性が広がるはずだ」と言われたらどのように反論しますか?

これに対する僕の反論として、あいだまんの友達のAくん（理系）のエピソードを紹介します。

Aくんは高校入学時から頭が良く、定期テストや模試での成績は学年で10位以内を常にキープし続けるほどの実力を持っていました。有名な予備校にも通って順調に成績を伸ばしていき、迎えた高校3年生の4月、担任の先生から「東大を目指してみたらいい」と言われて、漠然と東大を志望するようになったそうです。「漠然と」というのは、「絶対に東大に合格したい」というほどの強いこだわりがAくんにあったわけではなく、「行けるなら行きたい」といった具合に考えていたということです。

そのため、夏の東大判定模試で実力が出しきれずにE判定だった時、一つランクを下げて「東京工業大学（以下、東工大）でもいいかな」と考えるようになりました。しかし、この時も東工大に完全に志望校を変えたわけではなく、夏休み以降は東大と東工大のどちらも考えながら勉強を続けたそうです。

結局、前期試験で東大よりも合格の可能性が高い東工大を受験しました。そして結果的に残念ながら東工大に落ちてしまったのです。

あいだまん曰く、Aくんには東工大に受かるだけの学力があり、実際にセンター試験では9割近くの点数が取れていたそうです。

では、なぜ東工大に落ちてしまったのか。それは**「東工大向けの戦略を立てていなかったから」**だと僕は考えます。

東大と東工大は、偏差値で比較すると大差はないですが、例えば受験制度や出題内容とその傾向など、実は数字には表れないところに決定的な違いがあります。東大は理系でも国語があったり、英語で英作文やリスニングが課されたりするという特徴があります。

一方、東工大は、大学入学共通テスト（以下、共通テスト。旧センター試験）は足切りに使われるだけ（2020年7月現在）で、結局のところ2次試験の一本勝負です。また、数学の配点が英語の倍で、さらに理科の配点も高いのです。

これほど違えば、何を優先して勉強するか、どこに時間を多く割くかといった「戦略」の立て方や、過去問をどのように分析して、それを普段の勉強にどう活かすかといったことが当然変わってくることが分かりますよね。

つまり、東工大をずっと志望してきて東工大の特徴をもとに「東工大に受かるための戦略」を立てて勉強してきた人と、そうではなかったAくんとの間には、模試で測られる実力以上の確かな差があったわけです。

各大学の偏差値は、もちろん合格の難易度を表す一つの指標にはなりますが、絶対的なものではありません。東大一本で勉強し続けてきた僕が、もし仮に東工大も同時に受けることができたとしても（制度上、前期試験で国公立大学は1校しか受験できませんが）、おそらく落ちていたと思います。

ここまでの話で、合格に必要な力は学力だけじゃないことが分かってもらえたと思います。志望校に特化した戦略を立てるということがとても重要です。

そして、これこそが冒頭で僕がみなさんに問いかけた、「なぜ志望校を決める必要があるのか」ということの僕なりの答えです。

つまり、**志望校を決めるのは「志望校に合わせた戦略を立てるため」であり、「目標→戦略」という流れをしっかり作ることができなければ合格は遠い**と僕は思うのです。

志望校候補がたくさんあって、結局その中のどこにも受からないという悲しい結果にならないためにも、志望校は一つに絞って決めましょう。

誤解のないように補足しておくと、例えば国公立の併願として私立を受験したり、私立を複数受けたりするのはいいと思います。ただ、「併願先でも満足だ」「複数受ける学科のどこかに受かれば良い」と最初から思うのは危険なサインです。自分が心から行きたいと思う大学と学部学科を一つ、志望校として定めましょう。

また、第2章でも少し説明しましたが、後悔のない受験をするために、必ず自分自身の判断で志望校を決めてください。すでに「志望校が決まっている」という人は、果たして自分が本当に「志望校を決めている」のか、もう一度考えてみてください。

直前期ではない段階で、自分の意志よりも周りの意見を尊重してしまっている人がいたら、志望校に対してはわがままになることを今一度おすすめします。

「夢」よりも「憧れ」を優先しよう

では、具体的に何をもとにして志望校を決めるのか、という話をしたいと思います。

時々PASSLABOにも志望校を決めかねている受験生から質問が寄せられます。

例えば、「医者になりたいのですが、どの大学の医学部がおすすめですか？」といったように将来就きたい仕事が決まっている上での質問や、「偏差値45の学校に通う高校2年生で、これまで全く勉強してこなかったのですが、今から頑張って行ける大学はどこですか？」というような今の能力に基づく可能性についての疑問など、本当に多くの人が志望校に悩んでいることが分かります。

志望校選びのためには、将来の夢とそれに対する立派な動機がないといけないと思っている人がいますが、必ずしもその必要はありません。

「小さい時に手術して助けてもらったから医者になりたい」というのは、もちろん医学部を目指す上で素晴らしい動機ですが、「お金持ちになりたいから医者になりたい」というのもまた素直で良いと僕は思います。

後者のように志望理由書を書いて学校に提出すると、「理由が不純だ」と怒られるのかもしれませんが、自分自身の心にある志望動機に純粋も不純もないですし、周りの人が良し悪しを決められる根拠もありません。

大切なことは、**「どれだけその動機を自分が強く持ち続けられるか」**ということです。

例えば、「お金をたくさん稼ぐためにどうしても医者になりたい」という人は、ちょっと成績が上がらなかったからといって医学部を諦めて、やっぱり理学部にしようとは考えにくいですよね。むしろ聞こえは良くても本心とは違う動機を作り上げてしまうほうが、うまくいかなかった時に変えたくなってしまい、せっかく決めた志望校という目標が無駄になってしまいます。

「動機」という少し固い言い方をしましたが、志望校の決め手はもっと直感的なものでもいいと思います。僕が最も重要視していたのは、**その志望校に対してワクワクするかどうか、つまり「憧れ」です。**

第1章でも触れたように、僕が東大を目指すようになったきっかけは、高校1年生の5月頃に漫画『ドラゴン桜』を読んだことでした。桜木先生の熱い言葉の一つ一つが僕の心に響き、東大への憧れを強めていきました。昔から僕は負けず嫌いだったので、日本で一番の大学というところにも強く惹かれました。

ちなみに当時の僕はクラスの中で勉強ができるほうではなかったので、周りに「東大志望だ」と言ったら「お前には無理だ」とバカにされましたし、仲の良い友達は一応「頑張れよ」と声をかけてはくれるものの、おそらく本当に僕が東大に行けるとは思っていなかったはずです。でも、周りがなんと言おうと、それに負けないくらい「行けるかどうかではなく、行きたい」という気持ちが溢れていました。

憧れの良いところは、簡単には消えないことです。マイケル・ジャクソンに憧れていた人が、次の日になって突然嫌いになるなんてことは考えにくいですよね。たとえ他人がマイケル・ジャクソンの悪口を言ったとしても、それに納得するどころか反論しようとするはずですし、簡単に幻滅することなく、その後も憧れは続くでしょう。

志望動機に純粋も不純もない、と書きましたが、憧れこそが本当の意味での純粋な動機かもしれません。

そして、その憧れは高校生の時の「将来の夢」以上に変わりにくいものです。

大学に入ってから将来やりたいことが変わったという人は案外多く、僕もその一人です。もともと僕はアルツハイマー病の研究がしたくて薬学部を目指していたわけですが、偶然取った医学部の授業に感化されて医学部に進学し、医師国家試験にも合格しました。ところが、今では一人の教育者として活動しています。

大学には日本各地、あるいは海外から様々な学生が集まっていて、自分が持っていない価値観や能力を持つ人との出会いの中で多くの刺激を受けます。たった一人との出会いやたった一つの授業によって、その後の人生が変わるというのは珍しい話ではありません。

だから、すでに将来やりたいことがある人もそうではない人も、**夢ベースで志望校を決めようとする前に、憧れを第一に優先してみてください。**

自分自身がその志望校に対してワクワクするかどうか、この一点です。

そこからその大学で何を学べるかをいろいろと調べて、自分の将来についてあれこれ思いを巡らせるのがいいと僕は思います。

ちなみに、みなさんが想像している以上に世の中の仕事は多種多様です。どんな仕事があるのか、ちょっと視野を広げて調べてみるのも面白いかもしれません。

もし憧れる大学が特にないという場合は、可能な範囲でいろいろな大学のキャンパスを観に行くのがいいと思います。大学は試験日などを除けば基本的にいつでも、そして誰でも入ることができます。オープンキャンパスではない日のほうが、むしろよりリアルなキャンパスライフを感じられるはずです。

学生の様子や建物を含め、様々な施設を見て（勝手に入ってはいけない場所もあるので注意してください）、その大学の雰囲気を感じれば、憧れが出てくるかもしれませんね。

「身の程知らず」でいいじゃないか

憧れにもとづいて志望校を決めた時に、「自分には難しすぎて本当にそこに行けるのか」と懐疑的になってしまうことはあると思います。受験生なら話はそう単純ではないですが、高校1年生や2年生の人は志望校選びに今の実力を考慮する必要は全くありません。

特に高校3年生になる春休みから受験勉強を始める人によくあるのが、例えば「とりあえず今から目指して受かるのは最高でもMARCH（明治大学、青山学院大学、立教大学、中央大学、法政大学）だろう」と先に限界を決めてしまうことです。MARCHが憧れならいいのです。その目標があることでやる気が出て、モチベーションが上がるなら問題ありません。

でも、**それほど憧れが強くなく、あまりワクワクしないのであれば、僕はその目標を見直すべき**だと思います。どこか頭の片隅で「早慶を目指したら馬鹿にされる」「自分の身の丈に合っていない」「みんながなんて言うだろう」などと自分を貶《おとし》める方向に考えてしまっていないでしょうか。

身の丈を誰かに決められる人生なんて窮屈だと思いませんか？　自分の人生がかかっている受験においてはなおさらです。

そうは言っても、親や友達に「その志望校は無理だ」と否定されたら、少なからずショックを受けると思います。

僕も「東大に行きたい」と周りに言い始めた頃は、あからさまにはバカにしない人からも「天彗には厳しいんじゃない？」と悲観的な意見が返ってくることが多かったです。中でも「たかが漫画に影響されんなよ」などと、僕の東大志望の原点でもある『ドラゴン桜』まで軽視するような言われ方をされた時はものすごく悔しい思いをしました。

でも僕は、バカにされたり笑われたりしたら「絶対に見返してやる」と、その悔しさをむしろモチベーションに変えていこうと意識していました。それぐらい東大への憧れしか頭にはなかったですし、周りが否定的なことを言ったらその分だけ努力を重ねました。

そうするとだんだん周りの見る目が変わってきて、少しずつ「天彗なら行けるよ！」とか、同じ東大志望の子に「一緒に受かろうな」と言ってもらえるようになりました。

目標に向かってがむしゃらに努力している人に、「無理だ」と言い続ける人はなかなかいません。勉強という「行動」で自分の本気度を示せば、周りはおのずと理解し、応援してくれるようになります。そして何よりも、自分が自分に対して「行けるかもしれない」という希望を持つことができるのです。

つまり、自分自身と周りの意見を変えたいのなら行動するしかありません。**みなさんの勉強量こそが行動のバロメーターであり、最大の武器になります。**

だからこそ、始める前から上限を決めてしまうのは本当にもったいないことです。

いや、「もったいない」の一言で片付けられる話ではありません。上限を決めてしまうことの本当の怖さは「その下には底がない」というところにあります。

仮にＭＡＲＣＨを上限にすると、芳しい成果がすぐに出なかった時に「ＭＡＲＣＨが無理でも日東駒専（日本大学、東洋大学、駒澤大学、専修大学）には行けるだろう」と安全策を考えたくなります。こうなるとモチベーションが下がり、ちょっとした失敗でどんどん自分自身の基準値が下がってしまいます。

この状態では当然成績は伸びにくく、「日東駒専にして、ダメなら大東亜帝国（大東文化大学、東海大学、亜細亜大学、帝京大学、国士舘大学or國學院大学）も考えよう」と志望校の難易度を落とすことばかりに頭が働き、負の連鎖に歯止めがかかりません。そして最初に上限にしたMARCHは仮の理想のまま終わってしまうのです。

自分が本当に行きたいと思うレベルの高い大学があるのなら、今の実力なんて気にせずにそこを揺るぎない志望校として、相当頑張らないといけない状況に自分を追い込むほうが得策です。

今の自分のままでは難しいわけですから、例えば朝起きる時間を少し早くしたり、スマホを触る時間を減らしたりして、勉強時間を増やす工夫をしていけばいいのです。

もちろん、今まで休日の勉強時間が4時間だった人がいきなり10時間にするのは至難の業であり挫折しやすいので、少しずつ勉強時間を伸ばして自分の基準値を上げていきましょう。まずは最低でも1日5時間勉強するとして、その生活を当たり前にしていき、習慣化されたら6時間、7時間とそのボーダーラインを上げていくイメージです。

もしすでに志望校を決めているけどあまり満足していなかったり、勉強へのモチベーションが下がったりしているのなら、思いきって志望校のレベルを上げることも一つの良い作戦だと思います。志望校という大きな目標の立て方次第で、みなさんの基準値は大きく変わります。どうせなら今の実力は気にせずに上を目指してみませんか？

最初は身の程知らずでいるくらいがちょうどいいんです。

その目標は本当の「目標」か？

ここからは志望校という大きな一つの目標を決めた上で、それを達成するための具体的かつ細かな目標について説明していきます。

前にも少し触れた通り、目標は戦略を決めるためにあるものなので、戦略に良いパスを与えられるような目標を作らなければ効果は発揮されません。

みなさんは今までの人生でどれだけ目標を叶えることができていますか？ 人によっては達成できた回数よりも達成できずに終わってしまった回数のほうが多いかもしれません。

僕も高3のはじめまでは、せっかく目標を立ててもうまくいかないことだらけでした。しかし、受験生になって試行錯誤しながら戦略を意識した目標作りをしてみたところ、きちんと達成できることのほうが多くなったのです。

昔の僕のように、立てた目標が毎回形骸化してしまっている人は、ぜひ、ここで伝える目標の立て方を参考にして取り入れてみてください。

まずは昔、僕が立てて失敗した目標を見ながら、その問題点を説明していきましょう。

次の目標は僕が高3に上がる春休みに立てたものです。

「春休み中に青チャート数ⅠAを1周する」

もしかしたら同じように「参考書を1冊終わらせる」といった目標を立てたことがあったり、実際に今この目標の達成を目指して頑張っていたりする人もいるかもしれません。

しかし、ここには大きな勘違いがあります。

それは、この目標は「目標ではない」ということです。言葉遊びのように聞こえるかもしれませんが、参考書の1周は目的ではなく「手段」です。

この二つの違いを簡単に言えば、**目標とは「目指すべき状態」であり、手段とは「目標を達成するための具体的なアクション」のこと**です。参考書を1周終わらせることを目指すべき状態としてしまうのは、「手段の目標化」と言えます。これは危険な状態です。

「参考書を終わらせるのは、数学の力を伸ばすための手段でしかない」――当時の僕はこの基本的なことが頭になく、「とにかく春休み中に1周しなきゃ」ということばかりを意識してしまいました。

具体的なやり方としては、5分問題を見て、分からなかったらすぐに解説を読み、その場で解法を覚えて次の問題に進む、という感じです。スピード感と効率を何よりも重視するばかりで、解いた問題の一つ一つをしっかりと自分の中に落とし込んで身につけることがおろそかになっていました。

実際、その春休み中に参考書1冊は終わりました。僕は「目標を達成できた！」と喜んでいたのですが、高3に上がって最初の数学のテストで全く点数が取れなかったのです。

ここでようやく、僕が立てた目標は目標ではなかったことに気がつき、それが失敗の原因だと分かりました。

「手段の目標化」の恐ろしいところは、本当の目標を見失ってしまい、その手段が無機質なタスクになってしまうことです。

例えば、本好きの人が「1週間に本を最低5冊読む」ことを目標にしたとします。そうすると5冊読まなければならないという使命感に駆られて、内容を理解したり楽しみながら読んだりすることよりも、冊数を増やすことを優先してしまいがちになります。楽しかったはずの読書も、いつの間にかタスクのように感じられて、読むのに疲れてやめてしまうかもしれません。これでは最終的に何も残りません。

こうならないためにも、**目標と手段はしっかり区別する必要があります。**

よく受験生の目標に「英単語を○○語覚える」というのがありますが、これも目標ではなく手段の一つです。たくさん英単語を覚えた人が偉いのではなく、語彙を増やして長文を読めるようにしたり、英作文を書けるようにしたりすることのほうが重要で、それこそが目標です。

「できた」「できなかった」では意味がない！

もう一つ、僕の失敗例を紹介します。次の目標は僕が高3の4月に立てたものです。

「5月の全統模試で、東大A判定を取る」

これは紛れもなく目標です。しかし、このような目標だけでは良い結果につながらないことが多いのです。

この目標が抱えている問題点は、「PDCAのサイクルを回すことができない」ということです。PDCAサイクルとは、聞いたことのある人も多いかもしれませんが、Plan（計画）、Do（実行）、Check（評価）、Action（改善）の4つの頭文字を取ったものです。

Plan↓Do↓Check↓Actionとプロセスを繰り返し、Actionをまた次のＰｌａｎに活かすことで継続的にレベルアップしていくビジネスの手法です。

ここでのＰｌａｎが「模試で○○判定を取る」という目標にあたりますが、これだけで次の実行に移れるでしょうか。具体的に「どの科目のどの分野で、どれくらい点数を伸ばすのか」というイメージがこの目標だけでは全く見えてきません。

そうなると、次に戦略を立てたりスケジュールを考えたりするのが難しいのです。

さらに、この目標の欠点はＣｈｅｃｋとＡｃｔｉｏｎにも表れます。判定ベースでのみ目標を考えていると「その判定が取れたか、もしくは取れなかったか」という結果しか気にせず、達成できたら満足し、できなかったら「今回は残念だった」という感想で終わってしまいます。

これでは全くＣｈｅｃｋとＡｃｔｉｏｎができていないので、「今回は無理だったから、次回の模試こそＡ判定を目指そう」というように、次も同じような目標になってしまいます。そしてまた、具体的に「どの科目のどの分野で、どれくらい点数を伸ばしてＡ判定を取るのか」が見えないまま、似たようなループにはまってしまいます。これでは成長はなく、模試を受ける意味がほとんどなくなってしまいます。

目標通りの判定が取れているなら、「どの部分で成績を伸ばせたのか」「どんな戦略で何を勉強したから結果を出せたのか」というところまで、目標と行動をきちんと評価する必要があり

勉強にも使えるPDCAサイクル

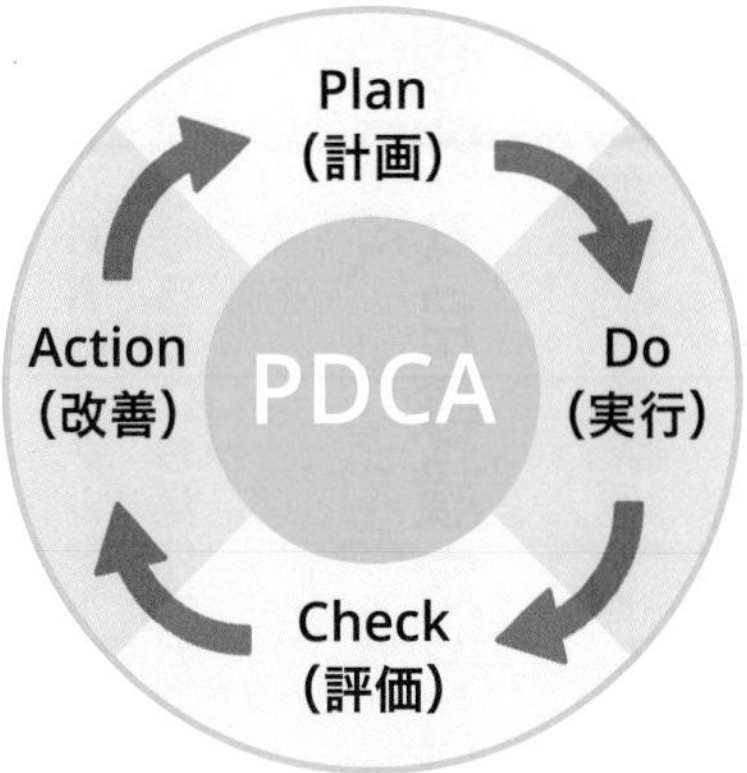

ます。一方、希望の判定に届かなかったのであれば、「戦略やスケジュールにどのような問題や反省があったのか」をしっかりと分析するべきです。

これが、PDCAのサイクルを回しながら良い結果につなげていける目標です。

僕の失敗談に戻ると、返却された全統模試の成績は東大A判定には届かずB判定でした。その前はC判定だったので成績自体は伸びたのですが、目標は達成できなかったことになります。

それなのに僕は1個判定が上がったことが単純に嬉しくて、なぜ成績が上がったのかも、なぜA判定を取ることができなかったのかも、全く考えようとしませんでした。

僕と同じような失敗に心当たりがある受験生も多いのではないでしょうか。

目標は立てたら終わりではありません。そこから戦略を考え、スケジュールを立てて実行し、結果が出たら目標と照らし合わせてどう達成できたかを確認する。その上で、戦略の何が良くて何が悪かったかを分析し、それを活かして次の目標を考える。

この一連のPDCAサイクルを上手く回すことで大きな成果が手に入ります。そのためにはサイクルの起点となる目標の具体性がとっても重要なのです。

理想的な目標設定とは？

いよいよ、僕が失敗の経験から学んでたどり着いた、理想の目標設定について述べます。

まず、基本的な考え方として、**どの学年においても中期的な目標としては模試を基準にすることをおすすめします。**理由は、同じ土俵で過去の自分と比較しやすく、次の目標が立てやすいからです。

先ほど説明した通り、目標を立てる時にはPDCAサイクルを適切に回せるかどうかを考慮しなければなりません。つまり目標は、それ単体だけでなく、実行・評価・改善を通して次回の目標につながっていくことを意識する必要があります。

それを踏まえると、大手予備校が行う模試は定期的に開催されるため、実力の面で過去の自分と比較することができるのはもちろんのこと、目標の良かった点や悪かった点を次の模試に向けた目標に活かしやすいのです。

また模試から模試までのスパンも2か月ほどのことが多く、理想的な長さだと言えます。

模試ベースで目標を立てる時は、次の三つに分けて考えましょう。

①志望校の判定の目標（高1や高2の人は総合偏差値でもOK）
②特に伸ばしたい科目二つの偏差値の目標
③②の科目におけるそれぞれの分野の目標

これらは①から順に大きな目標になっていて、147ページの図のようにツリー状にイメージしてもらうと分かりやすいと思います。

まず①ですが、これは模試における総合的な目標であり、中期的なスパンで目指す到達地点となります。みなさんのモチベーションに最も直結しやすい目標です。

受験生の人は主に志望校の判定に対して、高1や高2の人は全科目を合わせた総合的な偏差値に対して目標を立ててみましょう。

注意したいのは、どこが開催している模試かによって、問題の難易度や受験者層が大きく変わることです。偏差値基準で目標を考える場合は、そのままの数字で単純に比較することができません。例えば、ある模試で東大レベルは偏差値65となっていても、違う模試では偏差値75になっていることがあります。

その模試におけるそれぞれの大学の偏差値レベルをまず調べ、それをもとに偏差値の目標を決めてください。

そして、①だけでは目標を立てる効果がまだまだ薄いということは、みなさんもうお分かりですね。僕が「5月の全統模試で、東大A判定を取る」という目標だけを掲げたように。

そこで②として、**具体的に模試までの期間で伸ばしたい科目を二つ選びます。**

二つに絞るのは戦略を考えやすくするためです。全ての教科でまんべんなく成績を伸ばそうとすると、「あれもこれもやらなきゃ」となってしまい、2か月という期間ではどれも中途半端になりかねません。思いきって2科目に限定したほうが、戦略的にその二つに割く時間を増やして対策できるため、成績を伸ばしやすいのです。

戦略のところでまた詳しく書きますが、全てをバランスよく勉強するのではなく、あえてバランスを崩壊させることが目標を立てる上でのポイントになります。もちろん、その二つの科目以外を勉強してはいけないということではありません。他の科目もやりつつ、限定した科目をメインに勉強するということです。

特に高1や高2の人はまだ模試で理科や社会が課されない場合もあると思います。基本的に受験で重要な英語と数学を優先的に選ぶと良いでしょう。

とにかく、二つ科目を選んだら、それぞれの目標偏差値を設定しましょう。得点はその模試の難易度にかなり左右されるので、偏差値もしくは模試によって独自に付けられるランク（成績表に書いてあるもの）を目標にするのがおすすめです。

最後に③で、選んだ二つの科目についてより細かく目標を考えます。**一つの科目につき5個ずつ立てるのが理想です。**

例えば英語であれば、「文法の問題で、関係詞と仮定法の問題を100%正解する」「英作文で、単数と複数に関するミスをゼロにする」……と5個考えます。数学なら「微分積分の計算で、ケアレスミスをしない」「確率の問題で、８割以上の得点を取る」……と５個。このように、かなり具体的な分野や範囲に限定して目標を設定してください。

大切なのは、数値などを用いて達成できたかどうかを客観的に判断できるような目標にすることと、僕の失敗例のように「参考書を何ページまで終わらせる」といった、やるべき手段をそのまま目標にはしないということです。

このように、具体的な目標を複数個用意することで、模試までの間に何を行えば良いかがはっきり見えやすくなります。

さらにいいのは、目標が１個だけでは達成できなかった時に成長を感じにくいのですが、複数あれば、そのうちの何個かは達成できる可能性が大きく、小さな成長や進歩が分かるというメリットもあります。

実際に僕が①から③までを用いて目標を立てたのは図のような形です。これができたら次は戦略を練り、それをスケジュールに落とし込んでいきましょう。

模試ベースの具体的な目標の立て方

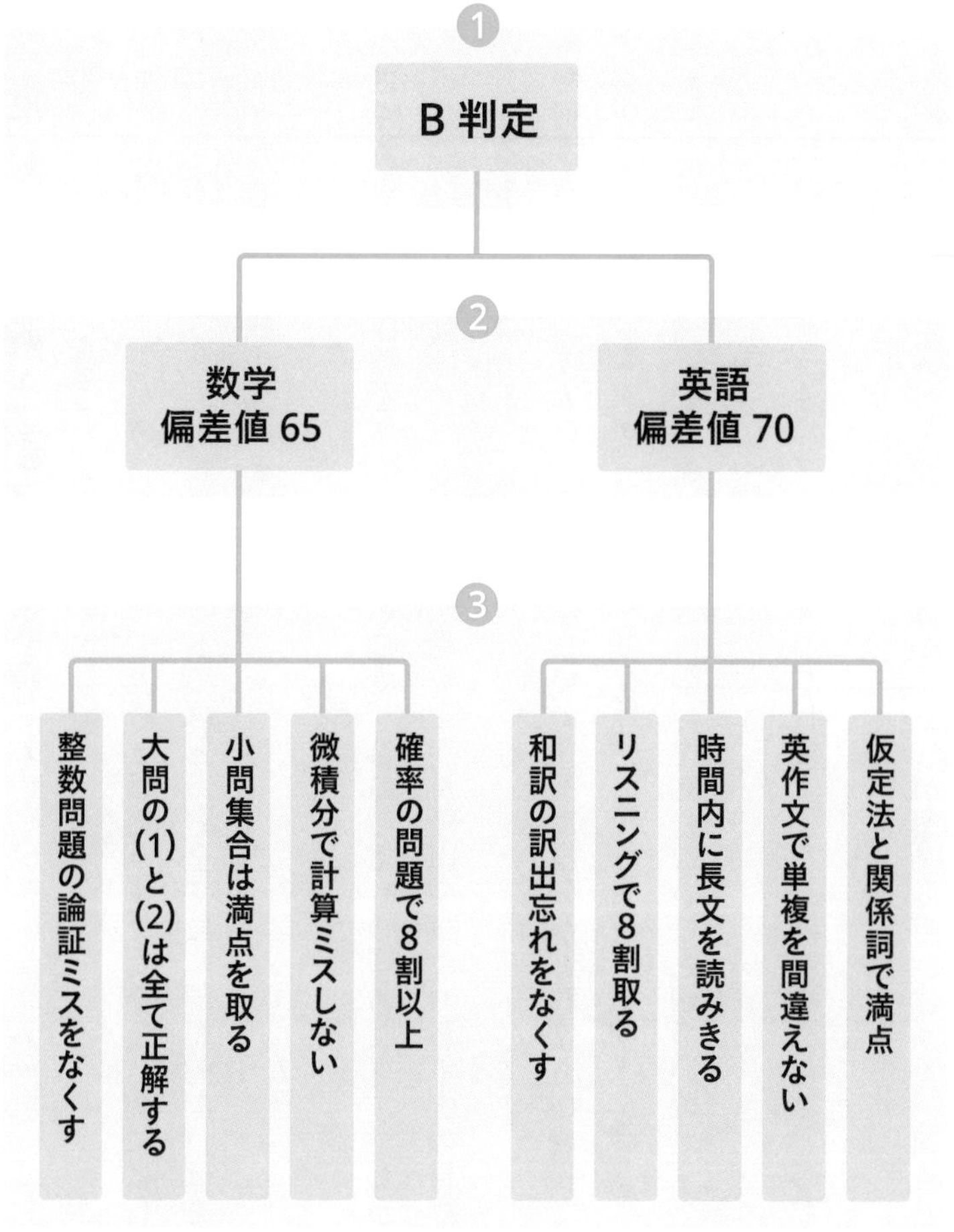

目標は大胆に、戦略と計画は綿密に

「目標は達成可能なものにするべき」という言葉を耳にしたことはありませんか？ 実際に目標の立て方をインターネットで調べると、勉強系のサイトのほとんど全てに「現実的な目標を立てるのがポイント」という要旨が載っています。

確かに、目標を小さくすると成功体験を増やしやすいので、この考えも一理あります。しかし、1週間程度のスパンの目標であればまだしも、1か月や2か月後の模試においてその目標が達成可能かどうか分かるものでしょうか。

PDCAサイクルを何度も回している人は、次の模試までの期間に自分がどれくらい成長できるか、ある程度予測がつくとは思いますが、まだ勉強を本格的に始めていない高1、高2や、今まで質の高い目標を立てていなかった受験生は、自分の限界を知らないことが多いのです。

例えばみなさんが、これからプログラミングを学習するとします。それは、やったことのない未知の世界です。

「2か月でHTMLを習得してください」と言われた時に、それが達成可能かどうか、判断できますか？ HTMLを習得する難易度も、2か月という期間の妥当性も、自分とプログラミングとの相性も分からない状態では、判断材料がなさすぎます。

逆に言えば、実際にやってみて初めて分かることがたくさんあります。そのうちに、2か月で終わらせるには、1日どれくらいの時間をプログラミングの練習に当てればいいかなど、ゴールから逆算して考えられるようになるでしょう。

受験における目標も同じです。**始める前に達成できるかできないか予測するのは、自分の「なんとなく」の考えに過ぎず、それほど信頼できるものではないです。**

むしろ少ない情報をもとに達成できそうな目標を立てた結果、「あまり頑張る必要がない」と基準値が下がり、結局それさえ達成できないことも大いにあり得ます。まさに、志望校を決める時の話と同じように。

大きな目標を立てると、達成できない可能性は確かに高くなるかもしれません。

しかし、僕は確信を持って言えます。目標を達成すれば大成功ですが、目標が達成できなかったこともまた、失敗ではないのです。

もちろん、最初から「達成できなくてもいい」と投げてしまったら本末転倒ですが、最後まで大きな目標を捨てずに実行を続けていれば、たとえ結果的に達成できなかったとしてもたくさんの成果が得られます。自分がどこまでできるのか知ることができたり、達成できなかった理由を分析して次の目標に活かせたり。

むしろ成功ばかり収めていると、毎回の良い結果に気が緩んでPDCAのうちのCheckとActionを考えなくなるリスクもあります。

受験では志望校に合格することが最終的なゴールです。それまでの模試などの目標では何度トライ&エラーを重ねてもいいんです。

「失敗したくないからできそうなものしかやらない」というのは、自分の成長や可能性を信じていないことと同じです。

このように、大きな目標を立てることは、そのメリットもまた大きいことを知ってください。自分でも「全く不可能だ」と感じるのならやめたほうがいいですが、「達成できるかもしれない」という期待が持ててワクワクするような目標であれば、勉強への意欲も上がります。

もちろん、目標を立てたからにはしっかりと達成できるように努力しなければ元も子もありません。そこで重要になるのが、これから説明していく戦略とスケジュール管理です。

目標は大きく大胆に掲げてほしいのですが、それが実現可能となるか、高い理想として終わってしまうかは、綿密に練った戦略とスケジュール管理にかかっています。

受験生を見ていると、目標の立て方だけでなく、戦略やスケジュールの面で損をしている人が多いなと感じます。これは非常にもったいないことだと思うので、僕が押さえていたポイントを一つ一つていねいに紹介していきたいと思います。

Ⅱ

原則②
志望校に合格するための
戦略を立てる

俺も現役の頃の志望校は、なんとなくMARCHにしてたな。

今は早稲田ですよね？ 現役の頃の結果はどうだったんですか？

落ちたよーん。

落ちたよーん。

くまたんも乗っかってきた（笑）。

でも、二人とも今は笑いに変えられてるのがすごい！

もし、落ちてなかったらPASSLABOにはいないと思います。

もし、現役から早稲田目指してたら？

もっと必死に勉強してたかな？　まず余裕はなかったと思う。

余裕があるからといって勉強するわけではないですもんね。

うん、遊ぶか寝る。勉強するとしてもゆっくり（笑）。

僕も2浪目の時にYouTube見てました（笑）。

ちょっと無理した目標のほうがいいよね、二人の経験からしても。

ところで次は戦略について、ですよね？

そう！　戦略はＹｏｕＴｕｂｅでも何度も動画にしているくらい大事。

もし、受験で天彗が戦略を大事にしてなかったら？

受かってなかったかも。たぶん今頃、河川敷で雲でも眺めてるんじゃない？

怖いね〜。東大医学部か河川敷で雲眺めているか。

どれだけ戦略が重要なのか分かりますよね（笑）。

戦略の決定において重要なことがあります！

やっぱり情報収集ですかね。

そう、情報があってこそ戦略が決まる！

戦略とデータ分析は違うんですか？

違うよ。戦略が決まってから、戦略をベースにデータ分析をする！　するとおのずと今やるべきことが見えてきて、日々の勉強スケジュールも立てやすくなる。

最終的にどう勉強スケジュールに落とし込むかは戦略によって変わると？

そう！　誤った戦略にしないためにも情報が必要なんだよね。

合否に直結しそうですね！

情報量こそが戦略のカギ

さて、ここからは戦略の話です。**戦略こそが受験の合否を分けます。**細かい勉強法は「あったら便利で役に立つ」といったものですが、戦略は「絶対に欠かせない」と言うべき重要なものであり、ここをきちんと考えなければ、せっかく努力をしても間違った方向に進んでしまう可能性が高いです。

なぜ戦略が必要なのか。その理由はとても簡単で、時間が限られているからです。時間が無限にあるのなら、片っ端からいろいろな科目の参考書に手をつけてもいいのですが、受験は試験日が決まっていて、それまでに合格点を取れる実力を身につけられるかが勝負です。「とりあえず自分のやりたいように勉強をしよう」というスタンスでは間に合いません。

「限りある時間をどう配分するか」

これこそが戦略であり、一人一人が自分に合ったものを考えなければならないのです。

実は目標と同じように、戦略にも大きなものと小さなものがあります。

スポーツを想像すると分かりやすいのですが、戦略を決める上で重要なことは、相手と自分をよく知ることです。

サッカー、バスケ、野球などのチームで行うスポーツは、選手だけでなく、戦略や采配を決めている監督も世間の注目を浴びます。チームの戦績が良いと監督の手腕は評価され、チームの戦績が芳しくなければ、プレーしている選手以上に監督は非難されます。それだけ戦略が勝敗に関わっているということです。

その監督は、なにをもとに戦略を立てていると思いますか？　相手のチームの情報と自分のチームの選手です。野球なら、過去の対戦成績をもとに相性の良いピッチャーを先発にしたり、スターティングメンバーを変えたりします。そしてゲームの進行によって状況を見ながら、戦略を修正します。その時もやはり根拠になるのは客観的な情報やデータです。代打を送る時も、ピッチャーを替える時も、監督が「何となく」だけで動くことは基本的にありません。

受験でも、相手と自分を詳しく知らなければ戦略を立てることができません。相手と自分に関するデータ量は、多ければ多いほど受験で有利に働きます。

そのため、一度志望校を受けて、何が自分に足りなかったかを知っている浪人生は、単に学習の進度だけでなく、戦略の点でも現役生に優《まさ》っていることが多いのです。

だからといって現役生も気を落としたり劣等感を抱いたりする必要はありません。適切に情報を蓄えていって戦略を練りましょう。そのために必要な情報を説明していきます。

志望校について最低限知っておくべきこと

受験において「相手」に該当するのは志望校です。目標のところでも説明した通り、戦略を決めるために、まず目標となる志望校を決める必要があります。そして、志望校に関して最低限知っておかなければならないことが三つあります。

①受験科目・配点
②各科目の出題スタイル
③合格者平均点（なければ合格者最低点）

①の受験科目については、誰もが把握しているでしょう。しかし、配点のほうは正確に理解できていますか？　ここでいう配点とは2次試験のみならず共通テストも考慮したものです。

東大の理系を目指している受験生から多い質問に、「模試で現代文の点数が取れないから、おすすめの参考書を教えてほしい」というものがあります。では、実際に東大理系の合計点の中で、現代文の点数がどれくらいの割合を占めているか見てみましょう。

まず、2次試験の合計点は440点で、このうち国語の配点は80点。その中でも現代文だけ取り出すと40点です。共通テストは合計900点のうち現代文が100点ですが、合計が110点まで圧縮されるので、110を900で割って100をかけるとおよそ12点。

結果として共通テストと2次試験を合わせると、550点満点中、現代文の点数は約52点となり、1割もないことが分かります。

だからといって合否に関係ないと切り捨てるわけにもいきませんが、そもそも現代文は全く解けずに0点になるということは基本的にないので、数学や英語など、より配点が高いものを差し置いて現代文に多くの時間と労力を割こうとするのは得策とは言えません。

それなのに、先ほどの「現代文の参考書を教えてほしい」と質問をする受験生たちに、「数学と英語、どちらもできていますか？」と訊ねると、「はい！」と答える人はかなり少ないのが事実です。

配点の大小がそのまま優先順位につながると思ってください。英語の配点が一番高いのなら、英語の対策に最も多くの時間を割くべきです。配点の比率をもとに勉強時間を振り分けることも一つの作戦として僕はおすすめします。

次に、②の出題スタイルは、数学でいうなら大問の数や記述かどうか、英語なら長文では和訳と読解のどちらがメインか、英作文の有無などです。

微分積分が出題されやすいとか、法律系の文章が出てきやすい、といった出題傾向は、知っておくと参考にはなりますが、結局、年によってバラバラです。しかし、**出題スタイルはそう大きく変わらないので、必ず科目ごとに押さえましょう。**

数年分の過去問を見て、大問ごとに形式を確認しましょう。

③の合格者平均点について。

平均ではなく合格者最低点を調べて、その点数を目標に勉強する受験生が多いのですが、それで合格できる人はそうそういません。なぜなら、「自分が目指す最大の点数」が、「受かるための最低の点数」であるからです。ギリギリを狙うのではなく、もっと余裕を持った合格を目指して、それに向けた努力をしてほしいと思います。

そのために参考になるのが合格者平均点です。公表していない大学もありますが、予備校のサイトなどに載っている可能性があるので、ぜひチェックしてみましょう。

点数そのものは毎年変動しますが、合格者平均点と合格者最低点との差は毎年同じくらいなので、**「最低点＋◯点が平均点になる」**といったこともあわせて知っておくといいと思います。

以上の三つを知った上で、合格者体験記など実際に受かった人の戦略を読むことで、よりリアルな情報を取り入れることができます。

しかしその時に、自分と状況が大きく違う人の体験記をマネようとしても上手くいきません。なるべく自分と似ていたり共通点が多かったりする人の戦略を参考にしてください。

そのような体験記が見つからない場合は、自分と状況が異なる人の体験記を読んで、そのまま参考にするというより、「どのようなことをして合格したのか」という全体的な傾向をつかむことを意識してみてください。

自分のことを正しく知ろう

続いて「自分を知る」ということを見ていきましょう。

「相手」である志望校の情報は年によって大きく変わりませんが、自分に関するデータは日々絶えず変化し続けています。

戦略について最初に「一人一人が自分に合ったものを考えなければならない」と伝えましたが、自分に合う戦略は成長とともにどんどん変わります。

その時々にふさわしい戦略を立てるために、自分はこの時点でどれだけ勉強できるのか、得

意科目と苦手科目は何か、暗記は得意なのか、そもそもどのような性格なのか、といったことが十分につかめている必要があります。

そういうことを総合的に見て、勉強時間の配分を変えていきます。

「自分のことなんて、分かりきってる」と思うかもしれませんが、「自分のことをよく知る」のは意外に難しいことです。

どれくらい勉強していられる体力があるのか、いつ眠くなるのか、いつお腹が空くのか、得意・不得意科目といってもなぜ苦手としているのか、などなど、突き詰めていくと知っているようで実は知らないことだらけです。なぜなら、目に見えないことが多いからです。

僕も自分を知っているつもりが意外と分かっていなくて愕然とする、なんてことが今でもあります。

特に脳内のこととなると、自分がどれだけ知識を蓄えていられるのか把握することはなかなか困難です。試験前に、押さえたつもりの範囲を復習してみると意外と覚えていないことが多かった、なんて経験はありませんか？

そういう予想外のことがあると、計画に支障が出てしまいます。どれだけ自分のことを知っているかが、戦略通り進められるかのカギになります。

自分に関するデータは日々絶えず変化し続けているので、こまめに確認するようにしてください。

自分のデータを集める方法は、後で詳しく書きます。

「自分を知る」ことの難しさはもう一つあります。それはどうしても「現実を見たくない」という意識が働いてしまうことです。

これは、恋愛で「告白してフラれるのが怖い」とか、スポーツで「負けるのが嫌だから試合に出たくない」という気持ちに似ているかもしれません。人間ならそう感じて当然……と言いたい気持ちもありますが、受験に関しては、それを逆手に取って有利な状況を作りましょう。

「このままではやばい」という焦り――。これに向き合うのは確かにつらいことではありますが、実は、成長する上で非常に便利な感情です。

例えば、「○月までにC判定を取らなければやばい」という焦りがあることによって、勉強時間を無理やりにでも作ったり、行動にメリハリが出て、勉強中の集中力も増したりします。焦りがあるかどうかで成長スピードは断然変わってくるのです。

だから、安心して「自分を知る」恐怖を克服しましょう。一度乗り越えれば、冷静に自分を分析できるようになります。

そして、その後は「やばい！」と焦らずに済むような戦略が立てられるようになります。

あえて戦略的バランスを崩す

「バランスが良い」という言葉は一般的にポジティブな意味で使われます。「栄養バランスの良い食事」や「仕事と私生活のバランスが取れている」といったように、通常はバランスの良いものは推奨されています。ちなみに僕は、いつも母から栄養バランスが偏っているんじゃないかと心配されています。

しかし、その**バランスをあえて崩すことによって大きな成果を生むことがあります。**

この考えは、僕が高1の時に見た映画によって確信に変わりました。『マネーボール』という実話をモデルにした話です。

主人公はアメリカのメジャーリーグの球団を任されているゼネラルマネージャーで、簡単に言うと、資金難に陥っていた球団を救う物語です。

資金がないので、全ての能力が優れているマルチプレイヤーをスカウトすることはできません。だから、他のスカウト陣からは見向きもされずに埋もれている選手を雇います。データをもとに「投球フォームは悪いけど、制球力は目を見張る物がある」「打率は低いものの選球眼はピカイチで、フォアボールを見極めて高確率で出塁する」などと、一つだけ抜きん出た取り柄のある選手をピックアップしていったのです。

そういう選手たちでチームを作り、状況に応じて適した能力のある選手を使い分けた結果、チームは勝利を重ねて最終的にワールドシリーズ（全米1位を決める戦い）まで進出しました。

この映画から再認識できたこと。それは、**全てをそこそこのものにするよりも、尖って秀でたものを一つ作ることのほうがよっぽど重要**だということです。

実は、当時の僕は勉強において「バランスを崩すこと」をすでに意識していました。

高1の時、僕が通っている予備校にカリスマ的な化学の先生が教えにきてくれることになりました。香川県の高松市という地方の受験生であった僕にとってまたとないチャンスです。その先生の教え子の多くは東大や京大に現役で合格していたので、東大志望の僕にとってはまさに希望の光だったのです。

授業では化学をていねいに分かりやすく解説してくれて、その上、数々の勉強法も伝えてくれたので、ますます尊敬と憧れが強くなりました。そうなると「先生に名前を覚えてもらいたい」「他の生徒よりも目をかけてほしい」という承認欲求みたいなものが日に日に膨らんでいきました。

しかし、そう思っていたのは僕だけではなく、周りの生徒も僕と全く同じことを考えていたようです。授業後は毎回、質問待ちの列ができて、一人一人先生に自己紹介して質問していました。その中で僕も他の人間と同じようなことをしたところで、先生にとっては大勢の生徒の中の一人に過ぎず、当然、名前すら覚えてもらうことはできません。

そこで僕は、結果を出して先生にアピールしようと決意しました。具体的には、6月下旬に行われる予備校4校舎合同の化学のテストで1位を取ろうと心に誓ったのです。

目標ができて、次は戦略をどうしようかと考えた時に、化学以外の数学や英語をいつも通りに勉強していてはライバルたちに太刀打ちできないと感じました。そこでテスト前の1週間は完全に「化学しかやらないようにする」という形でバランスを崩したんです。複数の教科をまんべんなくコツコツ進めるよりも、「今はあえて化学一本で勉強することのほうが優先度が高い」と自分なりに考えた上での戦略でした。

その1週間でテストの過去問を研究したり、テキストにあった問題の類題を解きまくったりした結果、テスト本番では満点を取って単独1位を取ることができました。

すると、僕を見る周りの目が変わり、後日先生に質問しにいった時には「この前満点だった宇佐見君だね」と言ってもらえてとても嬉しかったことを覚えています。まさに戦略が見事にはまって目的が果たされた瞬間でした。

もちろん、単に承認欲求が満たされただけではありません。**「化学の宇佐見」という尖って秀でたものが一つできたことで、僕は圧倒的に有利な武器を手にしました。**

それが何かを伝える前に、もう少し戦略的バランスの崩し方について説明します。

勝てるところで勝てばいい

もう一度言います。**戦略とは「限りある時間をどう配分するか」**です。

あれもこれもバランス良くやろうとするのは、時と場合によっては戦略がないのと同じことになってしまいます。

基本は志望校の配点の比率で時間を割り振りつつ、時には戦略的にバランスを崩して今の自分が伸ばすべきものに特化するのがいいのです。

このようなバランスを崩すという話は、どのように合格するかという話にもつながってきます。

ところで、学校の定期テストと大学受験では大きな違いがあります。それは何か、分かりますか?

答えは「何を評価するか」ということです。

定期テストは各科目がバラバラに評価され、主にテストの点数によってそれぞれの成績がつけられます。「定期テストあるある」として「前日に詰め込む」というのがありますが、例えば、「明日は化学と地理と国語のテストだけど、時間がないから化学は捨てる」ということをすると、地理と国語は点数が取れても、化学は赤点になってしまい、悪い評定がつけられるかもしれません。

一方で受験になると、各科目の点数ではなくその合計点のみが評価されます。化学がいくらできていなくても他で点数が取れて合格点を上回れば、文句なしに合格することができるわけです。

事実、東大に合格した人の開示得点を見てみると、その多くは全ての科目がまんべんなく点数が取れていたわけではなく、特に点数が取れている科目が1~2個あって、他は平均並かちょっと低いという感じです。

ちなみに、あいだまんは英語と化学が得意で、数学と物理は普通、国語は少し苦手だったそうで、本番は得意な英語と理科で点数を稼いで、あとは大きな失敗はせずに平均くらいを死守した、という感じだったそうです。結果、彼は余裕をもって東京大学理科一類に現役合格しています。

あいだまんの点数の取り方はとても理想的だと僕は思います。つまり、受験における勝利の方程式は**「得意科目で勝って、苦手科目で負けない」**です。

よく「苦手科目は作るな」とか「苦手を潰せ」という言葉を聞くと思いますが、そうは言っても苦手なものを克服して得意にしようとすることは、並大抵の努力では難しいです。

だからこそ苦手科目については難問が解けるようになるまで勉強しようとするのではなく、基礎をしっかりと固めて、多くの受験生が取れるような簡単な問題を取り尽くせるようにする。そして、あとは得意科目で周りの人よりも稼げる力を身につけるほうが得策です。

ただ一つ言っておくと、難問を1問解くことよりも、簡単な問題をミスなく全て解くことのほうが圧倒的に難しいのも事実です。

もう一つの例でも考えてみましょう。

各科目100点満点、平均点が50点のテストで、次のAくんとBくんのうちどちらが受験において有利でしょうか。

Aくん：英60点　数60点　国60点
Bくん：英90点　数40点　国50点

やはりBくんのほうが有利だと僕は思います。

Aくんは全体的にバランス良く点数が取れていて、これといった苦手科目はないようです。しかし一方で、強みとなるはずの得意科目も見当たりません。この場合、テストの難易度が大きく点数に影響し、難しいテストであれば全然できなくなる可能性が大きいです。受験において浮き沈みが激しいのでは「実力が備わっている」とはいえず、合格できるかどうかは本番の問題次第というふうになってしまうでしょう。

Bくんはどうでしょうか。圧倒的に英語ができていて、彼の武器だと言えます。難しい問題が出たとしても、周りの生徒よりは安定していい結果を収めることができるはずです。

このように、苦手を作らず全てがそこそこできるよりも、少なくとも一つ武器となる得意科目を作ることのほうが合格に近づくために重要なことです。

もし、自信を持って得意と言える科目がまだないのなら、**自分が好きで勉強しやすいと思う科目を集中的に勉強し、得意科目にすべく実力を磨く**ことをおすすめします。特に好きな科目がないのなら、短期間で成果を挙げやすく、ほとんどの大学で配点が高い英語をたくさん勉強しましょう。

「しないこと」を決める

戦略とは一つのやるべき方針を決めることであり、それは同時に**「何をしないのか」という方針**でもあります。

特に時間に追われている時などは、マルチタスクになりがちです。例えば、定期テストの前日のことを思い浮かべてください。翌日のテストは化学と地理と国語……。「これが終わったらアレをやらなければ」という気持ちが焦りにつながり、勉強していてもなかなか集中できません。

他にやらなければならないことが頭の片隅にあるだけでエネルギーが分散され、本当にやりたいことを思いっきりできない気がします。夜寝る時に「明日は遅刻してはいけない」と心配していると、一晩中ぐっすり熟睡できなかったりしませんか？

他のことを気にしながら何かをすることは、集中力の無駄遣いだと僕は思っています。一般的にもマルチタスクはストレスを増大させると言われているので、やっぱり良いことはありません。まずは「しないこと」を決めて、「すること」だけに集中しましょう。

『ＳＬＡＭ ＤＵＮＫ（スラムダンク）』（井上雄彦）というバスケット漫画をご存じでしょうか？ 恥ずかしながら僕はこの本を書く前は知らず、くぁないに「戦略が学べる漫画はないか」と尋ねたところ、これを教えてもらいました。読んだ時には「なるほど！」となりました。喧嘩シーンとかは全部飛ばしたのですが（笑）。

とにかく、練習が非常に極端なのです。主人公の桜木花道はバスケット初心者で、最初はモテたい一心でバスケ部に入りました。本人は派手なダンクシュートを教えてもらいたかったのですが、まずはレイアップから。レイアップマスター期間はずっとひたすらレイアップ。その次はリバウンド。夏の大会前は、ひたすらジャンプシュートの練習を1万本。

まだ習っていないことに関しては周りに笑われるくらいできないのですが、習ったことに関してはメキメキと実力が上がっていき、試合では「自分ができること」のみに注力。すると、活躍できる幅が次第に広がってきました。

その過程で桜木花道は、できないことができるようになる楽しさや、仲間から褒められたり信頼されたりすることの嬉しさを覚え、それがやがてバスケを愛する気持ちに変わっていったのです。仮に、桜木花道がレイアップもリバウンドもジャンプシュートも一度に教えられたとしたら、結局どれも中途半端になって、あれほどの成長と活躍はなく、バスケを退屈に感じていたかもしれません。

最初から好きで始めることばかりではないと思います。むしろ、最初は嫌々やっていたけれど、できるようになったり、褒められたり、誰かに必要とされるうちに、好きになることのほうが多いと思います。

勉強も同じです。最初からこんな小難しいことを好む人は滅多にいないでしょう。できる喜びを感じることこそ、勉強に対する意欲につながります。実際、受験前は勉強嫌いだったけど受験を通して勉強が好きになったという例はかなり耳にします。

戦略的バランスを崩して「化学の宇佐見」となって僕が得たもの。それは、**できるようにな**

る喜びです。

この大切さを実感したからこそ、僕はあえてバランスを崩し、まずは一つずつやることをおすすめしているのです。**一つの科目に集中する。その中でも一つの範囲をとことんやる。**この配分こそが超戦略的な勉強です。

III

原則③
データ分析から勉強スケジュールを立てる

戦略を立てる上で自分や志望校のことを詳しく知る重要さが分かりました。

自分を分析することも戦略においてやっぱり重要！

そうすることで戦略の確実性が高まりますもんね。

そう！　それでもたまに戦略を立て直すこともあるけどね。

修正することが大事なのだよ。

戦略とは「しないことを決める」ってのも納得！

することも大事だけど「しない」と決めることも大事なのだよ。

あえて科目バランスを崩すっていうのも合理的ですね！

まずは自信や得意科目を作ることが大事なのだよ。

勉強になります！

全部さっき、天彗さんが言ってたこと（笑）。

えー、次はデータ分析について話しますよ！

聞いたことあるような話をしてくれるなよ？

きっとあっと驚くような内容なんだろうなぁ。

話しづらいわ！（笑）。もっと何も知らん感じで寄ってきて！

で、何話すん？

もっと興味持てや！（笑）。内容には自信あるよ、本当に！　みなさん、立てたスケジュールって倒れやすいですよね？

スケジュールを倒すの得意です。

データ分析と、立てたスケジュールを倒れにくくする方法がどう関係するんですか？

関係大ありだよ！　僕流のデータ分析法と勉強スケジュールの立て方について詳しく解説します！

時間×タスクの結果から、自分のデータを集める

戦略的にできるだけバランスを崩し、マルチタスクを避けることの重要性を伝えてきました。やることとやらないことを白黒つけることで成長は加速し、勉強の楽しさもそこに加わって、自然に勉強時間も増えていいことずくめです。

ただ、それが難しい人や、それが難しい場合もあるかもしれません。例えば、高校3年生から受験勉強を始める人にとっては、一つ終わらせてからまた新しいことに取りかかる時間の余裕がない場合もあるでしょう。僕も今現在、やることが多い時はマルチタスクにならざるを得ない場合があります。

では、そうなった時にどうするか。その状況の中で、**できる限り一つのことに集中できるようにスケジュールを立てて時間を管理します。**例えば、午前中は英語しかやらない、午後は数学しかやらない、といったように。

参考までに僕が受験生時代に過ごしていた1日の時間配分表を載せておきます。だいたいこんな感じです。

時間配分表

	数IA IIB	数III	英	国	物理	化学	地理	合計
6/1(月)	3h25m		1h55m					5h20m
2(火)	5h10m		1h00m					6h10m
3(水)		4h25m	1h55m					6h20m
4(木)		2h45m	1h00m					3h45m
5(金)	0h30m		2h00m			2h15m		4h45m
6(土)		1h00m	2h25m		4h05m	2h20m		9h50m
7(日)	3h00m		4h20m	1h30m	1h20m		2h00m	12h10m
合計	12h05m	8h10m	14h35m	1h30m	5h25m	4h35m	2h00m	48h20m
(最低目標)	8h	8h	8h	2h	8h	8h	2h	44h

目標と実際の勉強時間（また内容）も比較した上で翌週の目標に活かす！

☆時間は少ないがタスクはOK
↓
来週は物化の量＋タスクを増やす。

例えば6月1日は、2教科にしぼって、数学のⅠA・ⅡBに3時間25分、英語に1時間55分を費やしています。6月3日は、数学Ⅲに4時間25分、英語に1時間55分の時間をかけています。

土日は学校がないので、複数の教科を勉強していますが、一つのことに集中する時間は確保していることが分かるかと思います。

ちなみに、この日は○時間英語を勉強する、というふうにはスケジュールを立てていません。勉強時間は1日単位ではなく、1週間単位で目標時間を設定していきます。そして大事なのは、勉強時間そのものではなく、その時間にどの教科のどの範囲をやるか、ということです。

こちらについては、この後詳しく書きますので、ここでは、**できる限り一つのことに集中できるように時間を管理する**、ということを頭に入れてください。

なお、勉強はどうしてもインプットの時間のほうが多くなります。ただ、そうなってくると自分の進歩が見えにくく、勉強に退屈してしまう恐れがあります。それを避けるためにも勉強のスケジュールを立てる際は、アウトプットの時間も意識してみてください。ここで言うアウトプットとは、具体的に言うと、問題を解いていくことです。インプットした後、アウトプットをしていくことで、自分が本当にできたかどうか可視化できるので進歩を実感でき、やる気も湧いてきます。

加えて、インプットしているだけでは、できる・できない、覚えた・覚えていない、の線引きが難しいこともあります。

ありがちなのが、英文法の参考書の文法事項を必死に覚えようとしているものの、実際に問題を解かないパターンです。問題を解かなければ、いつまで経っても覚えたかどうか判別できません。いつまでも参考書とにらめっこしてインプットするばかりでは時間がもったいないです。ある程度やったら問題をさっさと解いてアウトプットしてみる。そのほうが時間を節約できるし、できる喜びを味わえるので、はかどります。

こんなふうに勉強の計画を立てる時は、インプットの時間とアウトプットの時間を、バランス良く組み入れるのがおすすめです。

勉強スケジュールの立て方について、もう少し細かく触れていきたいと思います。もう一つ、僕のスケジュールを見てください。

ポイントは、**時間単位とタスク単位でスケジュールを立てること**です。

時間単位とは「1時間」など、文字通り時間の長さのことです。タスク単位とは「ここからここまでの範囲」のように区切って予定を立てることです。

1週間のスケジュール表

	数IA IIB	数III	英	国	物理	化学	地理	合計
6/1(月)	↓ FOCUS GOLD		↓ 単 50語 / 英文解釈					
2(火)	確率 (stepup) ↓		50					
3(水)		↓ FOCUS GOLD	50 / 英文解釈					
4(木)		数列の極限 ↓	50					
5(金)	確率 (復習)		50 / 英文解釈			化学 (無機、重問) ↓		
6(土)		数列の極限 (復習)	50	力学 (単振動) ↓		化学 (無機 重問)		
7(日)	プラチカ 確率		復習テスト ↓ / (長文)	得点奪取 現代文 (記述)	力学 (単振動)		グループ学習 (センターへの道)	
合計(目標)	8h	8h	8h	2h	8h	8h	2h	44h

時間の目標は"1日単位"ではなく"1週間単位"で決める!

(最低限の目標時間)

⇐ 2次試験の配点を見て科目ごとのバランスを決める!(目安)

[例) 東大理系
数学 120点 英語 120点 国語 80点
物理 60点 化学 60点]

時間の目標は1日単位ではなく、1週間単位で設定しています。その上で、教科ごとに1週間のタスクを決めます。

ここで、181ページの時間配分表をもう一度見てください。物理と化学は目標時間の8時間に対して、それぞれ5時間25分、4時間35分と目標時間に達していません。ですが、タスクはクリアしているのでこれはOKとなります。これを受けて、次の週は物理と化学のタスクを増やしていくなど、翌週の目標に活かしていきます。

では、時間ではなく、全てタスクで管理していくのかというと、そういうことでもありません。そもそもスケジュールはその通りに実行される可能性は非常に低く、だいたい後ろにちょっとずつ倒れていくことのほうが多いはずです。

時間単位でやるか、タスクのスケジュールにするかは、それにかかる時間によって、どちらが好ましいか天秤にかけていくと良いと思います。

例えば、初見の範囲の場合、それにどれくらい時間がかかるか分かりません。つまり、タスクに落とし込むのが難しいのです。なので時間で固定し、その時間はそれに集中するやり方を僕は好んでやっていました。英単語も、初見の場合はやはり時間の予測を立てづらいので、「○時間はがっつり追い込む」と時間単位で決めていました。

逆に復習の場合はタスク単位にし、「ここまでの範囲をやったら違うことをやる」などと決めていました。

人が立てたスケジュールの効果は薄い

主体性なくして受験で合格を勝ち取ることは難しい。 これは僕の基本ポリシーです。たまにある質問の一つに「勉強スケジュールを立ててほしい」といった内容があります。そもそもこれが質問かどうかはさておき、人に勉強スケジュールを立ててもらうのは個人的にはあまりおすすめできません。

戦略の相談までなら効果はあります。例えば、「何を先にやったら良いか」などは人の意見や体験談も参考になります。ただし、それをスケジュールに落とし込むことは他人にはできないのです。

勉強スケジュールを立てるのに必要な情報は、単に自分が使える可処分時間だけでなく、体力、性格、勉強に対する情熱や苦手意識も含まれます。

はっきり言いますが、勉強スケジュールは自分で立てましょう。もし仮に、僕が人に勉強スケジュールを提案するのであれば、かなりしっかりと客観的データを集めさせてもらいます。そうじゃないと単なる机上の空論になってしまうからです。

さらに、これにはもう一つ、大きな理由があります。

他人に立ててもらった勉強スケジュールで思うように実力アップができなかった時、無意識のうちにそのスケジュールのせいにしたくなったりします。僕もそうですが、何か都合が悪いことが起きた時には自分以外のどこかに原因があると思いたいのが人間です。

伸びない理由は、どこまで突き詰めても自分自身です。自分に責任があるという自覚がなければ、反省し、あれこれ試行錯誤したり、気になるところを改善したりする意欲は育ちにくいものです。

くぁないが言っていました。自分でやっているアプリゲームなのに、貴重なキャラが手に入るガチャを引く時に、自分でやらず友達とかにやらせる人がたまにいる。この手の人は、レアキャラが当たらなかった原因を自分以外の誰かにしたいだけだから、いざとなった時に決断力に欠ける、と(笑)。

受験とガチャは比べものになりませんが、自分ではどうしようもないところに人差し指を向けてしまったら、その時点で成長は止まります。人差し指は自分に向けるべきで、そこから見つけた反省材料が自分を成長させてくれるのです。

誰かに与えられたものをこなせばこなすほど、自分で考える機会は減ります。

何事も失敗しながら成長していくものです。たとえ自分で立てたスケジュールがうまくいかなくても、その中でNGや反省材料が見つかれば、それも成長です。

焦らなくて大丈夫。誰しも通る道です。しっかり一歩一歩踏みしめて、抜け駆けせずに頑張って進みましょう。一見、非効率なことをコツコツと積み重ねた先に、ほしい結果が待っています。何より、自分でやって、うまくいかなかったほうが納得いきますよね。

模試はデータを記録していたもの勝ち

「模試はデータを記録していたもの勝ち」――。この考え方は、受験人生や行動指針に大きな影響を与えるでしょう。

受験だけではありません。人生全てにおいて、この考え方を応用すれば何かと役に立ちます。

模試を受けずに本番に臨む人はほとんどいないでしょう。ところが、模試を最大限利用できていない人が多く実にもったいないと思います。

僕の中で模試は「実力試し」という役割の他に、**「勉強の仕方の改善チャンス」**でもありました。模試までの期間をインプット期間と捉えると模試はアウトプットです。**「これだけ勉強したからこれだけ伸びた」が分かります。**

例えば、模試で「C判定を取りたい」という目標があったのに対し、現実は、D判定だったとします。なぜ、D判定だったかを考えた時に、「ここここの範囲が不十分だったから」という結論を出す人は多いでしょう。もちろん、それもあります。ただ、それは結果論に近い気がするのです。

もっと原因の根本を探ることで勉強の仕方の改善につながります。「なぜそのような事態になってしまったのか」に目を向けてみましょう。「勉強時間が足りなかった」「やっていなかった範囲だった」と頭の中で思い返すだけでは漠然としています。明確な自分の弱点を見極めるためには事実をもとに振り返る必要があります。

それが、勉強記録です。大雑把に書きますが、だいたい191ページのような感じです。

勉強の記録を毎日つけている人はいますが、その記録を振り返っている人はごくごくわずかな印象です。

勉強記録はただつければいいわけではなく、何のためにつけるのか、を意識することで勉強の改善に大きく役立ちます。

その振り返りのタイミングが模試です。今までの勉強のやり方の是非を証明してくれます。

僕は、模試と勉強記録を照らし合わせて初めて意味があるものだと考えています。

勉強記録の役割は今後の勉強の仕方を改善することです。そして、その効力を最も発揮するのは模試が終わってからです。

模試が終わり、結果が理想に遠かった時に、毎日つけてきた記録をもとに「こうしたらいいのではないか」などいろいろと分析できるからです。

「勉強時間が足りなかった」……勉強記録があれば、具体的に何のために何時間足りなかったのか、事実ベースで振り返ることができます。

「勉強時間は割と取れていた」……それなら、演習量が足りなかったのか、などと仮説が立てられます。そして、今までと別の勉強の仕方にシフトするなど、試行錯誤できます。

明確に事実をベースに反省したのなら、「もっと頑張らなければいけない」と、より一層の覚悟にも変わっていくはずです。

受験は情報戦。その情報とは、前述したように、まず自分をよく知ることです。

勉強記録

6/1（月）
7:00～7:25　(復習) ターゲット 英単語（1201～1250）
11:00～11:40　FOCUS GOLD 確率 s1、s2、s3
14:05～14:45　確率 s4、s5、s6
17:30～18:30　英文解釈技術100（キソ）51～53
（19:00～21:00　塾）
21:30～23:35　確率 s7～s14
23:35～24:05　英単語（1251～1300）

6/2（火）
7:00～7:30　英単語（1251～1300）(復)
14:05～14:45　FG 確率 例題＋練 216～219
18:00～20:30　例＋練 210 s15～s19
21:30～23:30　章末問題（1～4）Level up 19
23:30～24:00　英単語（1301～1350）

6/3（水）
7:15～7:40　英単語（1301～1350）(復)
14:05～14:45　FG 数III 極限 s1～s4
17:30～18:30　英文解釈 54、55
19:00～22:00　FG 極限 s5～s14
23:00～23:45　〃 s15～s17
23:45～24:15　英単語（1351～1400）

6/4（木）
7:00～7:30　英単語（1351～1400）(復)
17:20～18:35　数III FG 極限 s18～s21
（19:00～21:30　塾）
22:15～23:45　FG 極限 s22～24、章末1～4
23:45～24:15　英単語（1401～1450）

6/5（金）
7:05～7:35　英単語（1401～1450）(復)
14:05～15:00　化学 重問 無機 146～150
17:30～18:30　英文解釈（56、57、58）
（19:00～21:30　塾）
22:10～23:30　化学重問無機 151～158
23:30～24:00　確率 FG 復習
24:00～24:30　英単語（1451～1500）

6/6（土）
8:00～8:30　英単語（1451～1500）(復)
8:35～9:25　リスニング（キムタツリスニング）
10:00～11:00　FG 数III 極限 復習
11:00～12:35　化学 無機（159～162）
13:30～15:40　物理 力学 単振動（セミナー）
15:45～16:30　化学 宿題（無機）
16:35～18:30　物理 力学 単振動 重問（52～56）
（19:00～21:00　塾）
22:30～23:00　リスニング（キムタツ）
23:30～24:05　英単語（1201～1300）(復)

6/7（日）
8:00～9:20　英単語（1301～1500）(復)
10:00～10:30　英単語 復習テスト
10:35～12:05　長文（3、4）
13:00～14:30　現代文 得点奪取（5、6）
14:30～15:50　力学 単振動（57～59）
16:00～18:00　地理（グループ）アメリカ工業
19:00～22:00　数学 確率 プラチカ
23:00～24:00　英単語（1501～1550）＋テスト復習

○やったことを時間＋内容でメモ
○塾や学校の授業はカウントしない！
（ただし学校での"自習"はカウントする）

これは、日本史や世界史を学ぶ理由と同じです。年号や知識を蓄えるのが歴史の本質ではなく、過去の政治や統制の成功や失敗などを自分の人生に応用するために学ぶべきなのです。例えば、過去の将軍の政策を勉強した時には、どのように民衆を管理するべきかの参考になります。みなさんが部活動で部長や副部長なら、どうしたらみんなをリードできるか、チームを一致団結させられるのか、歴史という過去のデータをもとに行動してみるのです。

よく恐怖政治は続かないと言います。弾圧してきた政治家は結局最後には恨みを買って、刺されたりします。人との向き合い方を歴史という記録が教えてくれます。

記録はこうしたことのためにあるのであって、日記とは違います。

何のために記録するのかを考えることで、質の高い記録を残すことができるようになります。

さて、こうして自分の様々なデータを集めておくと、データを見返すことで勉強の仕方の向上につながります。

毎日勉強記録をつけていると、「今日はいつもより少なかった……なぜだろう?」と考えるきっかけになります。そのおかげで「寝る前にスマホをいじっていたせいで寝つきが悪かった」などと反省材料も見つかったりします。

僕がよくやったのは、英語長文一つ終わるごとに時間を測ってみることです。問題ごとに早い、遅いが一目瞭然で、「どうして遅かったのか」「なぜいつもより遅くなったのか」など、自分の弱みを知るきっかけが見つかります。

自分の暗記力の度合いを測りたいのなら、インプットとアウトプットの関係から導き出せます。

例えば、英単語を50個インプットします。その時間を計ってからアウトプットをします。全体の時間から正解数を割れば、その時間で暗記できる自分のスペックが分かります。

僕はこれを**「実質勉強時間」**と呼んでいるのですが、いつもより暗記力が劣っているのなら「何がいけなかったのか」と分析できます。

この時、同じ分量を違うやり方でインプットしていけば、自分の中でどのやり方が一番効率が良いかも分かるので非常におすすめです。

一つ注目してほしいことがあります。僕はここまでの説明で「いつもより」という言葉をたくさん使っています。

つまり、一度や二度、データを取る程度では、あまり当てにならないのです。何度も何度も同じデータを集めることで共通点が見つかり、法則にすることができるのです。

自分の中の規則性を見出すことは、自分の成長を絶対に助けてくれます。その点をしっかり理解して、勉強の仕方を改善したり、スケジュールを立てる際に、自分のデータを役立ててください。

自分に向いているかどうか検証する

ここまで、勉強の3原則である「目標・戦略・データ分析」まで、僕の考えを全部述べました。

方法論に正解はありません。いろいろな方法がありますし、特に目標設定や時間管理の仕方には、性格も大きく影響します。

PASSLABOの主要メンバー4人の性格を分けるなら、管理派は宇佐見、あいだまん。大雑把組は、くぁないとくまたん。

管理派の僕にとっては、スケジュールや計画を立てて、それに合わせて勉強するほうが心理的負担が少なく感じます。こまめに先生にスケジュールや目標を確認することでやる気も出ます。

一方で大雑把組からすると、計画を決めたことで、その時に自分がしたいことができないことをストレスに感じるそうです。特にくぁないは、何事も計画せずにまずはやってみる方針で、失敗して学んでいくタイプ。無駄だったことも遠回りとは思わないみたいです。

くぁないの浪人時代は、予備校でカリキュラムが決められており、朝の8時～9時はテスト的な課題を提出しなければいけなかったそうです。しかし、彼自身、その提出をする意義が見出せず、やっても自分のためにならないと感じていたため、提出するのをやめたそうです。担当に「提出しろよ」と言われても「俺はやらない」の一点張り。

頑固者のように聞こえるかもしれませんが、自分の必要なことを見極めてそれを愚直に行うことが一番成功しやすいともいえます。

ここで紹介したことは、多くの人に役立つ方法だと自信を持っていますが、100%全ての人がこれで成功するとはいえないと思います。だからこそ、**全てそのまま鵜呑みにせず、自分にとって良いかどうか、自分の頭で検証した上で取り入れてほしい**と思っています。

Ⅳ

壁にぶつかった時にどうするか

くぁないさん、意志が強いですね（笑）。

何が？

予備校のテスト提出しないって話。

イヤナコトヤリタクナイ（笑）。

くぁないさんらしいです（笑）。

主体的に判断できる人はそう多くないから、それはそれで立派だと思う。

よくスケジュール立ててほしいって人がいますよね。

きっと失敗したくないって性格なんだろうね。

僕もそういうタイプの人間です（笑）。

次は、この3原則を実行していても、壁にぶつかった時にどうするか？っていうテーマなんだけど。

くぁないさんは壁にぶつかったらどうしますか？

寝るのが一番かな、寝れば大抵のことは解決する。

そこもくぁないさんらしい（笑）。

僕は壁にぶつかった時は、凹む度合いって考え方でどうにかなるなと思ってて。

でも天彗さんが凹んでるの、何回も見てきましたよ。

それでも結構軽減されているとは思う。メンタルは弱いほう（笑）。

その今から話す考え方が緩衝材になると？

そんな感じ。もし柔軟な考え方がなかったら結構やばいよ。

心配すんな。俺がお前の心の緩衝材になってやるから！

こんなダサい告白って他にありますか？（笑）。

志望校は死守しよう

しっかり目標を立て、戦略に基づいて勉強していても、思ったよりも実力が伸びず、気持ちが凹む時は誰しもあります。それも一度や二度の話ではなく幾度となく起こる可能性があります。

僕も夏の東大模試で、相当努力して勉強したはずの数学が28点だった時は、本当に気が滅入ってしまいました。厳しい現状を突きつけられ、不安で勉強が手につかない日が数日続きました。

そういった時に「自分にはこの大学は無理なのではないか」と志望校を下げる選択肢が頭をよぎります。学校や塾の先生も「1ランク下げたほうが確実だ」と言ってくるかもしれないですし、メンタルが沈んでいる時は周りの意見に流されやすくなるものです。

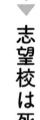

しかし僕はあえて、学校や塾の先生とは逆のことを言います。**最後の最後まで志望校を下げることは絶対にしないでください。**なぜなら、志望校を下げてしまうと必要のない余裕が生まれるからです。

一見、余裕が生まれることは良いことのように思えるかもしれません。実力的にギリギリの状態よりも、1ランク下げて余裕を持ち、しっかりと準備をしたほうが合格は近いと言う人も確かにいます。しかしここには大きな落とし穴があります。

　その余裕が成長スピードを緩めてしまうのです。


　まず、志望校を下げた結果、勉強に対してやる気が出にくくなります。憧れの存在である元々の志望校は受験勉強に対するモチベーションの源泉であるので、志望校を変えれば同時にモチベーションも大きく失われてしまいます。

　その影響はすぐに普段の勉強に出てきます。今まではわずかな時間も惜しんで努力を重ねていたのに、「余裕があるなら必要以上に頑張る必要はない」と感じて、自然と前に比べて休憩時間が増えてしまうでしょう。「志望校を下げたから今まで以上に勉強を頑張ろう」と思う人はなかなかいないと思いませんか？　実際、僕の同級生にも志望校を下げたことで「余裕があるから大丈夫だ」と自分に甘くなってしまう人が多くいました。

　この余裕は勉強時間の減少だけでなく、勉強の質にも悪影響を及ぼします。勉強していても集中できずに他のことばかり考えてしまったり、それまでは血眼になって必死に一つ一つ覚えようとしていた熱意もどこかに行ってしまったりしがちです。

　このように、受験に対して楽観的になってしまうことで上昇志向が薄れ、自分を追い込むことができなくなってしまいます。その結果、成長スピードは緩やかになってしまいます。緩やかになる程度で済むならいいですが、今以上に成績が落ち込んでしまうことだって十分にあり得るんです。

オリンピックで「金メダルを取る」という目標を持っていた選手が、途中で伸び悩んだから「銅メダル狙いに変更する」ということがないのと同じように、志望校という一番の砦となる目標は絶対に死守してほしいと思っています。

とにかくアクションで変わろう

志望校を死守することの重要性は分かっているけれど、成績が悪くて落ち込んでいる時にどうすればいいのか分からなくなる人もたくさんいるでしょう。

気持ちは自分のものなのに、なかなかコントロールをすることができないから不思議です。忘れたいと思っても忘れられないことがあるのと同じように、落ち込んでいる時に切り替えて頑張ろうと思うだけでは、そうそう切り替わりません。そのままずるずると引きずってしまう前に、何かアクションを起こしましょう。

例えば、僕は模試で悪い結果が出たら、近くの神社にお参りに行くことにしていました。神様にお祈りをすることで悪い流れが断ち切られ、ご利益が得られると思ったのです。本当にご利益があるかどうかは置いといて、毎回お参りした後はすごく清々しい気分で、前向きになることができました。

ちなみに東大の前期試験が終わった時には、自分としては失敗したように感じて本気で落ちたかもしれないと思ったので、後期入試まで毎日その神社に通って「受かっていますように」と祈り続けていました。

気分が落ち込んだら神社に行きましょう、と言いたいわけではありません。どんな行動によって気分を良い方向に変えられるかは人それぞれです。部屋や机を綺麗にすることで「心機一転、頑張ろう」と思える人もいるでしょうし、1日ひたすら遊んでそれによって次の日から焦って「勉強しなきゃ」となるタイプもいます。

大切なことは、気分が上向きになるのをただ待つのではなく、自分からアクションを起こして変わろうとする姿勢です。

そして勉強にやる気が出なくても、勉強から完全には離れないでください。勉強が嫌になって完全にやめてしまうと、勉強に対する嫌悪感がさらに増幅されていき、ますますそこから遠ざかりたくなります。筋トレでもなんでも一度サボると癖になってずっとサボってしまいやすくなるのと同じです。

もちろん、そういう状態の時に集中することは難しいと思います。でも、1日30分でもいいから、英単語をちょっと覚えようとしたり、数学の問題を一つ解いたりしてください。

嫌なことにも向き合うことができれば、少しのアクションで気持ちは変わりやすくなり、また勉強に精を出せる日が結果として早まります。

それでも志望校を変える時は

志望校を死守するのは原則守ってほしいことですが、時には志望校を下げざるを得ないケースもあるでしょう。例えば、いろんな事情で浪人ができず、どうしても現役で受かる必要がある場合など。

よくある志望校を変えるタイミングは、秋の最後の模試と共通テスト後の直前期です。

まず、秋の最後の模試でうまくいかずE判定を取ってしまった場合の話をします。このようなタイプは現役生にかなり多いのですが、主に次の基準が最後まで志望校を貫くかどうかの判断材料になります。

それは、**過去問を解いた上で自分の伸びしろを知っているかどうか。**そして、**その伸びしろの範囲を残りの半年弱の期間で終わらせることができる量だと思えるか**、です。

具体的には、過去問を解いた時に分かる「自分の点数」と「合格者平均点（合格者最低点ではありません！）」の差を、残りの時間で埋められそうにないと感じるのであれば、下げる選択肢はありだと思います。やはり、限られた時間との闘いなので、間に合う自信がないのであればモチベーションの面を考えても難しいと思います。

しかし、合格までの点数差をどの科目のどのような範囲を伸ばすことで埋めるか、何を使って対策するかがある程度自分なりに分かっていて、それを受験日までに達成できる自信があるのなら、ぜひそのまま挑戦し続けてほしいです。

もし、秋の段階で過去問を解いたことがないという人は、全ての科目を1年分やってみましょう。模試では悪い成績になっても、志望校の過去問を解いてみたら意外とできるということはよくあります。

受験生の秋は、過去問研究からその志望校に合った戦略を立てて勉強することが大切なので、過去問をベースにして自分との相性なども見極められるといいと思います。

次に、直前期になって志望校を悩んでしまう場合について。

この時にしっかりと考えてほしいのは、**「何を選択すれば自分が後悔しない可能性が大きいか」**ということです。

もちろん、逆転合格を果たす人は毎年一定数いますが、かなり少なく、直前期という本番間近のタイミングで逆転合格を狙うのはリスクの高いことでしょう。なので、少しネガティブな考えですが、どうしてもその大学を受けたいと思うのなら、落ちてしまったとしてもその結果に納得できるか、自分自身に問いかけてみてください。つまり、志望校を変えずに落ちてしまった時の後悔よりも、志望校以外の大学に行くことの後悔のほうが強いだろうと思うなら、最後まで志望校を変えずにやり切るべきです。

「現役生は最後まで伸びる」とよく言われますが、自分を信じることさえできれば、直前期は今まで以上に成績を伸ばすことができます。

むしろ、どうしてもその大学に行きたいという気持ちがあるにもかかわらず、実力が足りないと感じて志望校を下げると、かえってモチベーションが下がり、直前期に勉強に身が入らなくなるケースもあります。変えた大学に合格できても、入学した後に「やっぱりもともと志望校だった大学に行きたかった」と後悔して、仮面浪人を決意する人もいます。

実は、僕は慶應や早稲田など、東大志願者の多くが滑り止めとして受けるような私立大学を1校も受験していません。結果的に言えば、私立を受けないことで、直前期は東大対策に集中して取り組めたのでよかったです。しかし、それは東大に合格した今だからこそ言えることで、当時は「本当に合格できるか」という不安の中で、それでも「自分ならやれる、やるしかない」と信じて頑張っていました。

このように自分を良い意味で追い込めたのは、「東大しかあり得ない」という強い気持ちがあったからです。当時はまだ東大に後期試験があったので、「万が一前期でダメなら後期で再挑戦しよう」と思っていたほどに東大しか頭になく、「それ以外の大学は行きたくない」と思っていたし、自分のその考えに納得していました。

最後には自分の決断に納得することができるかどうかが何よりも重要です。だからこそ、周りの意見に流されず、必ず覚悟を持って自分で決めましょう。

自分が後悔しない道を選んでほしい。それが、僕が心から言いたいメッセージです。

成長にとらわれろ！

この章の最後に、プロサッカーの本田圭佑選手の言葉を伝えたいと思います。

「成功にとらわれるな、成長にとらわれろ」

結果を出したいのであれば、数値に現れる結果だけを追い求めるのではなく、数値に現れないところでも自分が成長していることを意識するべきだ、という意味です。この言葉は受験にも通じるところがあるので、僕は深く共感しています。

最初から最後までとんとん拍子で成績が伸びる受験生は滅多にいません。僕も含めた大多数の人には、結果が出ずに苦しむ時期が訪れます。努力しても点数が伸びない時は勉強から離れたくなってしまいます。

しかし、いわゆるスランプの状態にある時も勉強をし続けていれば、昨日の自分よりも今日の自分のほうが間違いなく賢いのです。

だから、数値に出る結果が全てだとは思わないでください。

「昨日よりちょっと勉強時間が増えた」

「意味を知らなかった単語に出会って覚えられた」

そんな些細に見える一つ一つの成長を積み重ねることで、ようやく目に見える結果を得ることができます。

この章では「目標」「戦略」「データ分析」の三つを軸に話してきました。

続いて第4章では1日の中での勉強において、僕が意識していたポイントや工夫していたことの数々を紹介したいと思います。

いわゆる「具体的な勉強法」なので、今日から活用しやすいものが多いと思います。ぜひ楽しみながら読み進めてください。

第4章

合格に近づく受験生活のポイント

I

勉強しなければいけない環境を作る

早いものでもう第4章なんですね。時間にしたら大体15分くらいかな？

さすがにそれは早すぎる（笑）。速読の鬼やん。

ところでこの章では何を話すんですか？

この章では勉強する時の環境だったり、1日の勉強プランだったりとより具体的な学習のコツを伝えたいなと思っています。

今すぐ日頃の勉強に活かせそうな感じですね。

そうなんよね。じゃあまずくまたんに質問。受験は団体戦だと思う？

僕は浪人もして、あまり一緒に勉強する人がいなかったので個人戦でしたね。

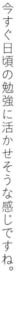

僕も家で一人で黙々と勉強していたな〜。なんか団体戦って響きはいいけどどこか他人任せのようにも聞こえるんですよね。

なるほどね。僕は割とグループ学習で友達とアウトプットしあっていたけど、2人の気持ちも分かる。でも2人にもライバルはいたんじゃない？

ライバルはいましたね！ 同じ志望校目指している子と、よく情報を共有していました。

僕は塾の同じクラスの頭のいい人を、勝手にライバル視していました（笑）。

あいだまんは都会の塾に通ってたんよね？

そうですね。だから東京の超有名私立に通う子をロックオンして、彼には負けないというつもりで頑張っていました。ちなみに直接話したことはありません（笑）。

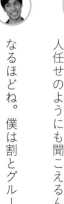

もちろん基本的に勉強を進めるのは個人戦ではあるけれど、やっぱり友達とかライバルとかいろいろな人から良い影響は受けるよね。

そういう意味では、受験は半分個人戦で、半分は団体戦なのかもしれませんね。

なんか今回は綺麗にまとまりましたね。なんでだろ？

そういえば、くぁないがいないやん！

あ、トイレに行ってました〜。みんなただいま〜。

くぁないさんは完全にソロプレイヤーだわ（笑）。

意志を使うな

僕はもともと家で集中して勉強できるタイプの人間ではありませんでした。家というのは勉強をするには誘惑が多い場所ですよね。スイッチ一つで見ることができるテレビがあったり、部屋の漫画が目に入ったり、お腹が空くと冷蔵庫にある食べ物が気になります。

いつでもそれらに手を出せる環境だと、どうしても脳内からその選択肢が消えず、勉強に手がつかない可能性が増します。欲求を断ち切ったと思えば、集中が切れた時にまた「テレビ見ようかな」などと欲求が頭をよぎって、イタチごっこのようです。誘惑に負けまいとすることだけで体力が削られている気がすること、ありませんか？

実は、人間は何かを決断する時にエネルギーを使います。しかし、1日に使えるエネルギーは限られているそうで、「欲求が現れて、それをグッと我慢したと思ったら、また欲求が現れて……」というのを繰り返すだけで、1日の意志エネルギーを消費してしまい、ひどく疲れてしまうそうです。

このような誘惑を回避するべく、家ではなく学校や塾の自習室、または近くの図書館を利用して勉強をしている人もいるでしょう。

とはいえ、家で集中しなければいけない機会は必ず訪れます。例えば、昨今のコロナウイルスの蔓延でも、自宅学習のタスクをこなす苦しさを痛感したことでしょう。

そこでどう対応するかが課題なのですが、**選択肢を完全に消す**ことをおすすめします。消すというのは、「できない」ってことです。

例えば、スマホをいじってしまう癖があるのなら、親に預けてしまう。漫画を読んでしまう人は、漫画を捨てる。テレビを見てしまうのなら、テレビをクローゼットにしまう。それでもテレビを見たくなるのであれば、最悪、テレビを壊して、その様子をＹｏｕＴｕｂｅにアップロードしてみてはいかがでしょうか。

極端に感じますか？　罪悪感を背負いながらスマホをいじり、そして後悔する、という負のスパイラルを抜け出すには、欲求を選択肢から抹消する他ないと僕は思っています。

とにかく、選択肢自体から完全に消すのです。

ちなみに今、僕の家にはテレビがありません。見なくても生きていけるからです。そのため、ちょっとみんなの話についていけなくなることはありますが、生きる上で困ることは一つもありません。それどころか、家での作業が断然はかどるので快適です。

テレビだけでなく、漫画などの娯楽も一切ありません。生活に必要な家電を除けば、家にあるのは動画の撮影器具や参考書、パソコンだけです。「それで人生楽しいの?」と言われそうですが、十分僕なりに楽しんでいます。

僕は子どもの頃、ゲームが大好きでした。でも、中学時代を境にゲームをやる機会が減っていき、気づけばゲームへの関心自体が薄れました。昔はイオンに行けばゲーム売り場に直行していたのに、今では無関心に近いです。そういう人は僕だけじゃないと思います。

ゲーム以外も同じで、それに触れていない時間が増えるほど関心は薄れていくものです。アプリゲームなど、触れていない期間が長ければ長くなるほどアプリへの熱が薄れ、アプリを起動するだけでも疲れてしまいます。そして、どうでもよくなり削除します。

全てそうです。ほっとけば関心は薄れます。

今まで大切にしてきたアプリを消してしまっても、心が痛むのはその瞬間だけ。3日もすれば、すっかり頭から離れて、勉強に集中しやすくなると思いますよ。

「ハインリッヒの法則」という有名な労働災害の分析によると、一つの重大なミスには29の軽い事故があり、その背後には300ものヒヤリとする異常が発生するそうです。

スマホをじっくり何時間も眺めてしまった1回のミスには、29回スマホを見てしまった事故があり、300回ものスマホを触りたいという欲求があったことになります。
「言われてみればそうだな」と、心当たりがある人も少なくないでしょう。

頭から選択肢を消すことで脳内の負担が軽減されて、集中力などにも影響があるので、「勉強したくてもできない」と悩んでいる人は、積極的に選択肢を抹消していきましょう。

家で勉強する時の仕組み作り

娯楽への制限は成功しても、浮いた時間がそのまま勉強時間に置き換わることはまずないでしょう。勉強から逃げたい一心で、能動的に他の関心事を作ろうとするからです。

勉強より少しでも楽しいと感じるものであれば、それをしたくなるのは当然のこと。そこで重要なのが**「仕組み化」**です。勉強をしなければいけない環境作りです。

これは、自分だけでルールを決めようとしても、なかなか難しいものです。誰にも迷惑がからないと思うと、いつでもそのルールを撤廃できますから。「早起きをする」と決めたけれど失敗してばかり、そんな経験をしたことがある人も多いと思います。

手っ取り早くできるのは、友達と約束をして勉強することです。今はZoomというビデオミーティングができるアプリもあるので、2人または複数人で監視できる状態にあれば、お互いに注意し合える良い環境が作れると思います。

また、休憩としてみんなと10分程度の会話を楽しみ、その中でアウトプットし合うことで、知識が定着しやすくなります。教えることは二度学ぶことですから、学んだことについて誰かと話し合うことは非常に有意義な時間です。自分が学んだ範囲でどこが分かっていないなど明確になるので、ぜひ仲間を巻き込んで実践してみてください。

実際にPASSLABOでもそういった取り組みをしており、着実に仕事をしなければいけない環境作りを常に心がけています。

ただ、これには注意点もあり、参加者の中で意識が低い人が多いとチームは崩壊します。腐ったリンゴの法則を知っていますか？　一人でも悪影響をもたらす人間がいると周りにもそれが移ってしまうという法則です。

良くも悪くも環境は影響力があるので、ぜひ高い志がある人たちの中に交ぜてもらってください。自然と「勉強しなければ」という焦りも生まれるはずです。

予備校に通う最大のメリットは授業じゃない Part1

前にも書いたように、僕は受験生の時に予備校に通っていました。そこではもちろん毎週のように授業がありました。僕だけでなくＰＡＳＳＬＡＢＯメンバーは全員、予備校や塾に通っています。

今はリクルートグループが展開している「スタディサプリ」など、自宅にいながらプロの授業を受けることもできます。予備校を選択することの重要性を感じない人もいるでしょう。ですが、僕は予備校に行けるのなら行くことをおすすめします。理由は環境が整っているからです。教えてくれる人が近くにいるだけではありません。**「集中できる環境」**と**「比較対象」があること**です。

集中できる環境に対して僕はお金に糸目をつけません。「別に家でもできるじゃん」と言ってケチったカフェ代は、それで集中できなければ高くつきます。

最近は映画も自宅にいながら観ることができますが、僕自身、映画は映画館で観る価値があると思っています。理由は環境です。

スマホで観るならなおさらです。どんどん届くＬＩＮＥ通知に関心が奪われ、ブラウザバックしてＬＩＮＥを開いたり、そのままインスタグラムを覗いたり、いつの間にか映画そっちのけでＳＮＳに没頭することも少なくありません。

それに比べ、映画館ならスマホは電源をＯＦＦにし、おしゃべりも禁じられています。この環境なら映画に集中する以外やることがありません。おかげで心底映画を楽しめます。

このように強制的に集中できる環境は、今ではむしろ貴重です。

それと同様に、予備校の授業では、映像授業では絶対に得られない集中できる環境を経験できます。同じ1時間でも、好きなことがいつでもできる状態で受ける映像授業と、授業に集中すること以外は禁じられている予備校での授業は全く別物です。内容を吸収する質にもかなり差が出ます。

受験に限った話ではなく、環境にお金を払うことに抵抗を持ってはいけません。そこにはそこでしか体験できない機会があるからです。

意識が高い人と会う。欲求に邪魔されない、集中できる環境に身を置く。これからの人生でも役立つ習慣をぜひ取り入れてみてください。

予備校に通う最大のメリットは授業じゃない Part2

もう一つの予備校に通うメリットである、「比較対象」があること。これはメンバーのくぁないの話が分かりやすいでしょう。

彼は予備校に入るまで椅子に座って3時間以上勉強したことがなかったそうです。彼の通っていた高校はスポーツ校で、周りにあまり勉学に力が入っている人もいなかった。

そんなくぁないが予備校に行って一番驚いたのは、「椅子に座って1日中、席から離れない人間がいたこと」。そんな人間は、彼からすれば都市伝説級だったそうで、でも、その光景を自分の目で見て、「世の中にはこんなに勉強する人間がいるのか」と思った一方、「自分もこれくらい勉強できるはず」という期待が芽生えたそうです。

そして、「これだけ頑張っている人たちよりも勉強すれば、もっと良い大学に通えるだろう」という比較対象になったそうです。

人は無意識のうちに限界を決めてしまいます。ここで勉強をする基準が一気に引き上げられたのは、間違いなく彼が早稲田に合格した要因の一つです。

僕もそうです。塾にいるライバルに勉強時間だけでは負けないように心がけていました。意識がたるんでいる時は、ライバルの頑張りが「やばい」という警鐘に変わりました。

これは僕らに限った話ではなく、**予備校に通うと「こいつにだけは負けたくない」とライバル視する存在は現れるはずです。**そのライバルは、朝何時に塾に来たか、いつ帰るか気になり、できる限りライバルよりも長く勉強していたいという気持ちが働きます。そういう人がいるだけで焦りや安心材料が生まれ、自分の姿勢に良い影響を多く与えてくれます。

でも、予備校に行けないこともあります。そういう時の選択肢として、オンラインは活用できます。

僕がやっている個別指導で国立大学医学部を目指す高校2年生の生徒がいるのですが、同じく国立大学医学部を目指す高校2年生の生徒の勉強時間の記録を見せたところ、本人は「やばい！」と感じたようで、飛躍的に勉強時間が向上しました。

左が初期の勉強記録、右がライバルの記録を見た後の勉強記録です。勉強量が大幅に増えていることが、ひと目で分かります。

自分と同じ学年で、全く同じ志望校であれば、やっぱりライバル視するものです。比較対象の重要性とその効果を再確認しました。

ライバルの刺激で「勉強記録」の内容が変化！

	4/5	4/6	4/7	4/8	4/9	4/10	4/11
	月	火	水	木	金	土	日
6:00							
7:00							
8:00							
9:00							
10:00							
11:00							
12:00							
13:00							
14:00	数と式						
15:00	数と式テスト						学校課題
16:00		時制		課題			
17:00	単語		英文法			テスト	
18:00			仮定法	塾課題			
19:00			数列	仮定法	英文法	数列	
20:00			塾			塾	
21:00							
22:00							
23:00							
0:00							

1週間の合計＝18時間

	4/12	4/13	4/14	4/15	4/16	4/17	4/18
	月	火	水	木	金	土	日
6:00							場合の数
7:00							
8:00							
9:00		単語T					単語
10:00	追試		英文法テスト				
11:00	不等号						
12:00							
13:00							
14:00	不等号テスト						
15:00				英文法	平面図形	単語	場合の数
16:00	追試 不等号追試		平面図形		数列		
17:00	受動態	三角比		平面図形		態と受動態	復習（平面図形）
18:00		三角比	文法 単語T		授業数列		
19:00	不等号追試	単語T 数列		復習		復習	三角比
20:00		授業数列		単語T	平面図形テスト		学校課題
21:00							
22:00	単語T	単語T		単語T			
23:00					追試		
0:00							

1週間の合計＝40.5時間

もう一つ、予備校に行くメリットを加えておきます。それは、予備校に入るにはお金がかかる、ということです。

このお金を払うというプロセスも受験生にとって重要だと僕は思っています。お金を払うことで「覚悟」が大なり小なり生まれるからです。親が多額のお金を工面してくれたのなら、必死に勉強して恩返ししたいと思うものです。

もし、予備校に無料で通うことができたら、そういった「覚悟」は生まれるでしょうか？ 友達から借りた漫画は読まずに返してしまうことも多いですが、自分で買った本なら「最後まで読もう」という気持ちが生まれませんか？

僕の家は裕福ではなかったので、母親はパートをして僕の教育費を稼いでくれました。そういう姿を見て、母親に申し訳ないと思う反面、「絶対に成功するから今はやらせてほしい」という覚悟が生まれました。

無料がいいばかりではなく、**有料だからこそ生まれる価値もあります。**他にほしいものを我慢して買った参考書。親に無理を言って入った予備校。金額以上の価値がそこにはあります。そのお金は絶対に無駄ではありません。

独学では合格できない？

とにかく僕は、完全に一人の自宅学習にあまり良いイメージはありません。事実、僕の周りは鉄緑会のような塾や大手の予備校に通っている人のほうが多かったです。僕自身、もしも独学だったら東大に合格できたか疑問です。可能性は低かったと思います。

進学校なら同級生が良きライバルになることもありますが、そうでない場合は塾に行くことで自分の基準値を上げられると思います。

ただ、独学で合格の可能性を引き上げる方法もあります。それは、とにかく環境作りに励むことです。

本当に一人になってしまうと、今自分がやっている勉強の進度はどの程度なのか分からないですし、勉強量の基準も知ることができません。

例えば、ツイッターで同じような独学の人を探し、毎日の進捗を報告し合ってはどうでしょう。一人でも相談できる仲間がいるだけで幾分、心理的な負担を軽減できると思います。

今はスタディサプリやＹｏｕＴｕｂｅなどのインターネットでプロの講師の解説を聞くことができるので教材には困らないとは思いますが、必要なのは「仲間」です。究極的に言えば受験は個人戦ですが、その中でも気の合う仲間やライバルを見つけることで、それまで以上に勉強に熱が入るようになります。

本当に、誰もいない環境は非常につらいものです。体力よりも先にメンタルが尽きてしまいます。1年や半年の間、誰とも話をせずに一人黙々と勉強することは僕には想像もできません。つらくて逃げ出したくなります。

もちろん、僕にできなくて他の人が軽々《かるがる》できることもあります。ただ、「仲間」という環境ほど僕たちを強力に後押ししてくれるものはないことを強調しておきたいと思います。

悩んでしまうのは、結局暇だから

今までは目に見える環境について触れてきましたが、目に見えない環境も整えるべきです。それは、「**脳内**」です。精神状態とも言い換えることができます。

みなさんの脳内は勉強に集中できる環境でしょうか。高校生にもなれば、恋愛、部活、友達関係などいろいろ頭を悩ませることがあると思います。

僕も高校生の時に女の子に振られ、しばらくは悶々とした日々を過ごし、勉強中にも思い出してしまってちっともはかどりませんでした。気がつけばため息ばかりで、考えても考えてもドブにはまってしまいました。

でも、今だから思うことがあるのです。なぜ、あれほど悩んだのか。それは「暇」だったからです。

みなさんの悩みについても、「暇だから」というと気を悪くするかもしれませんが、一旦僕の話を聞いてください。

僕がどう悩みを乗り越えたか。

女の子に振られた後の数日は、突如、脳内にその出来事が現れて、「うわー」と叫びたくなりました。自分でも情けなく思いますが、「振ったことを後悔させてやる」「自分の誘いを断るなんて」と自分本位に考えることで悩みを払拭しようと何回も試みました。けれど、どうしても悩みは突然フラッシュバックしてきます。もう最悪です。我に返って「勉強しよう」としても、そのモヤモヤとはずっと隣り合わせ……。

そんな時に、塾の課題と定期テストが重なりました。模試も近かったので、現役受験生がやらなければいけないことのフルコースです。1分1秒が惜しいほどに時間が足りないと感じ、「これをやらなければ」「よし、次はこれだ」と必死に勉強していたのです。

すると、どうでしょう。定期テストが終わった頃には振られたことなんてちっとも気にならなくなり、自分の中で「もういいです。さようなら」ときっぱり感情を断ち切っていました。学校でその子を見かけてもトラウマが戻ってくることもありませんでした。

おそらく、自分にとって恋愛の優先順位が著しく下がった結果「それほど悩むこともないな」とふっ切れたのでしょう。忙殺とは、てんてこ舞いになる一方で、邪念を振り払ってくれる効果もあるのだなと感じました。

この経験から、僕は悩みや欲求が生まれた時にこそ、あえて自分を追い込むことを大事にしています。

ポイントは、**他の何かが入り込む余地がないほどに忙しさを歓迎する**ことです。心に隙を与えてしまうと、絶対にまた悩みや欲求が頭に浮かび上がってきます。タスクでスケジュールをパンパンにすることで、悩みの優先順位は下がってきます。

ぜひ、お悩みがある方は、自分から忙殺されに行きましょう！

暇な状態は、単に悩みを引っ張るだけでなく、暇ゆえに他人のことが気になってしまったり噂話に興味を持ってしまったり、あれこれ余計なことに首を突っ込んでしまいがちです。人間は「何もしない時間」を嫌うのでしょう。暇だからSNSで気になる人や友達の投稿を見てしまい、人間の闇に触れ、また新しい悩みを作ってしまったり。まさに、「暇」はあらゆるネガティブを引き起こす元凶です。

時間が経てば、大抵の悩みは払拭できますが、できることならそもそも悩み自体を作りたくないですよね。

特に、受験生のみなさんには知ってほしい。忙しさは、悩みの種に最も効くワクチンです。

近年は「朝活」がブームです。朝日を浴びながらジョギングをしたり、読書などの趣味の時間に充てたりと、朝を有意義に過ごすことが良いという風潮があります。

ちなみに僕の友達も朝活をしていますが、5時に起床して朝一番でするのは顔を洗うことではなく瞑想だと言っていました。目を閉じたまま大きく息を吸って吐いてを5分間繰り返すことで、気持ちがしっかりと今日の活動に向いて集中することができるそうです。

このように朝を有効活用すると、気持ち良く1日をスタートすることができるのでしょう。

実際に「朝型の人は夜型の人に比べて幸福度が高い」という研究結果が数多く上がっています。

確かに、朝が苦手な僕でさえ起きるのが昼近くになってしまうと、それだけで1日を無駄にしてしまったように感じ、なんとなくその日の幸福度は下がります。

一般的には早起きをして朝型の生活をするメリットは大きいと思います。実際に多くの受験生から「朝型の生活にするにはどうすればいいですか?」という質問が寄せられます。

でも、夜型の人が朝型の生活に切り替えることはできるのでしょうか。

実は朝型か夜型かというのは生活習慣ではなく、遺伝によって決まっているということが分かってきました。人の細胞には約24時間周期の体内時計があり、それをコントロールしている遺伝子の数によって朝型か夜型かどちらが向いているかが決まります。

つまり、夜型の人が朝活などをしようとしても、体内時計がその生活に合わせられないので、早起きしても眠たくなってしまいます。無理に自分のタイプに合っていない生活をするのは、むしろ危険なのです。

学校は朝早くから始まるので、夜型の人も強制的に早く起きなければなりません。これは仕方のないことなので、なるべく毎日同じ時間に寝ることで体内時計のリズムを狂わせないようにしてください。

しかし夏休みなどの長期休暇は違います。夜型だと思う人は無理に朝早くから勉強しようとするのではなく、少し朝が遅くても、その代わりに夜までしっかり勉強すればそれでいいと僕は思います。

「夜型の受験生は受験に不利」ということはありません。

ある意味、早寝早起きで規則的な生活をしている朝型の人は、1日でも寝る時間が遅くなると途端にリズムが崩れて睡眠不足に陥り、体調を崩しやすいと言われています。必ずしも朝型がいいとは限らないのです。

Ⅱ

1日の勉強プランの立て方

みんなは受験生の時、勉強プランとか立ててた？

僕は必ず夜寝る前に、明日何をするかは決めていましたね。

それってやる内容だけじゃなく時間もですか？

基本的に内容ベースで何を終わらせるかを考えて、順番の優先順位をつけてたんだよね。それでざっくりとは時間帯も意識してたかな。

なるほどね。優先順位をつけておくっていうのは重要だよね。くぁないは？

俺はその日暮らしの生活をしていました。

勉強に対してその日暮らし？

要するに当日になってやることを決めてたってことですか？

うん。なんか俺結構気分屋だから、その日になんないと何を勉強するモチベーションが高いか分からないんだよね。

1つの科目をやって、それが飽きたら次の科目に変える感じ？

そうそう。でもモチベーションある時は、1つのことをめっちゃ集中してやってたと思う。

確かにもし集中できなくなったら、科目を変えて気持ちを切り替えるのもありですね。

僕は割と時間で区切っていましたね。90分を1セットとする感じです。

多くの受験生も学校の時間割みたいに区切って勉強しているんだけど、第3章のデータ分析のところでも話したけど、時間だけで区切るやり方はちょっと危険なんよね。

それ、もっと早く教えてほしかった……。

そしたら浪人しなくて済んだかもね。

でも僕、浪人しなかったら天彗さんと出会えていないんで、後悔はありません。

めっちゃ嬉しいこと言ってくれるやん。

結果オーライだね！　でも僕とかくぁないさんの名前も出してほしかったな〜。

あ、すみません。もちろんくぁないさんやあいだまんと知り合えたのもよかったと思っています。

後付け感すごいし、言わせたみたいになっちゃった（笑）。

おいパンダ、後で体育館の裏に来い。

こっわ（笑）。

明日の朝9時に体育館の裏、ちゃんとスケジュールに入れとくんだな！

どこの体育館だよ（笑）。

朝起きてから、まず何からやるか 休日編

朝型の人も夜型の人も共通して重要なことがあります。それは、**起きてまず何から手をつけるか**ということです。これは僕が受験生の時に強く意識していたことで、最初に何をやるかによってその後の勉強に対するモチベーションが大きく変わります。

まず、週末や長期休暇など自主学習がメインとなる休日の場合から話します。

みなさんは起きてから机に向かうまでにどれだけの時間がかかっていますか？　聞いてみると、まず朝食を食べて、食べ終わった後に少しテレビを見たり休憩をしたりして、なかなか勉強が始められないという人が多いようです。一度リラックスモードに入ってしまうと、そこから脱して勉強しようという気が削がれてしまうのです。

朝このような状態だと、1日を通してサボり癖のようなものがついてしまい、「勉強しない時間があるのは当たり前だ」と自分に対して甘くなってしまいがちです。

反対に、起きてすぐ洗顔などの必要最小限のことを済ませて、なるべく早く机に向かうようにすれば、勉強時間のほうが重要視され、その後も「少しの時間も無駄にしたくない」という気持ちになりやすいのです。

朝食の前に少しでも勉強していれば、一度すでに机に向かっているので、食後に勉強に戻る障壁が下がり、再開しやすくなります。

このように1日の勉強を成功させるカギは、**起きてから勉強するまでの時間を極力短くする**ことです。何事も始めるまでが一番大変でやる気を必要とします。そして始めるまでが長くなるとますます重い腰を上げるのが難しくなってしまいます。

第2章で少し触れましたが、勉強する前に勉強法をあれこれ探してしまう人も同様に、勉強に対する理想を上げてしまって、なかなかペンを持って学習を始めることができません。とにかく始めましょう！

では、何から勉強するかという問題です。

この時間帯の一番の目的は、**勉強を長く行って多くの学びを得ることではなく、勉強に対する障壁を小さくし、その後の学習をはかどらせるための準備をする**ということです。つまり、本格的に勉強をする前のウォーミングアップの時間だと考えてください。

目安となる長さは、朝ごはんを食べないまま1時間、2時間とやってしまうと、空腹で集中できない上、脳に栄養が補給されずに頭もうまく回らないので、30分程度が理想です。

例えば、数学の初見の問題を解いたり、触れたことのない英語の長文を読んだりするのはふさわしくありません。初手としてやるには時間も労力もかかりすぎてしまい、それこそやる気が削がれてしまいます。しかも、30分で終わらずに朝食を挟んでしまうのは不完全燃焼になってしまうので、しっかり時間内に達成できる内容を考えなければなりません。

僕がやっていたのは、**「前の日に勉強した内容を復習する」**ということです。数学の問題でも一度解いたものならハードルは低いですし、読んだばかりの英語の長文なら比較的スラスラと音読することができます。

初めてのものをやろうとするのは大変です。起きてすぐに新しい英単語を何個も覚えようとする人がいますが、僕はあまりおすすめしません。

英単語をやるのなら、例えば「夜、その日に知った英単語の中から、特に覚えにくいと感じたものをピックアップしてオリジナルの小テストを作っておく」。そして「翌朝の朝食前に、確認として解く」。これくらいがいいと思います。

寝ている間に記憶としてしっかり定着できたものとそうでないものを判別することができ、覚えていなかったものに再度焦点を当てて復習することができます。

要するに、**起きてすぐの時間帯は「復習のゴールデンタイム」**です。

参考書1冊を早く仕上げるために、とにかく先に先に進めようとして復習をしなかったり、一度やっただけで全て身についたと思い込む人がよくいますが、学習することとその内容が定着することの間には溝があります。そのギャップを埋めるためには復習するしかありません。それに、復習をした時にきちんと覚えていたら成長を実感できます。

とは言っても、覚えていなかった場合も落ち込む必要は全くありません。有名なエビングハウスの忘却曲線によると、覚えたことも1日経つと約3分の2を忘れてしまうので、むしろ忘れるほうが普通です。復習をしたことで、覚えていなかったことに気がつけたとポジティブに捉えましょう。そして脳に「これは大事な情報である」と認識させて、記憶を確かなものにしていきましょう。

午前中にやるべきこと 休日編

起きてすぐに30分間の復習を終えて、朝ごはんをしっかりと食べたら、本格的な勉強を開始していきましょう。

脳科学的にいえば、起床後の約3時間は脳がクリアで働きやすいと言われています。そこで、**僕が午前中にやるべきだと思う教科は数学です。**

その根拠として、まず数学の特徴を説明します。

この教科は解き方を覚えることだけではなく、1問1問に対して頭を使って論理的にしっかり考えなければなりません。分からない問題があると5分程度で答えを見てしまう人がいますが、これでは数学的な思考力は育たず、見たことがあったり、解法を知っていたりする問題しか解けないことになってしまいます。

しかし、難関大学になるほどみなさんが今まで出会ったことのないような問題が出題されるので、点数を取るためには個々の解法にとどまらず、あらゆる問題で必要とされる数学的な見方や考え方を身につけなければなりません。これを身につけるための最短ルートは、しっかり手を動かして時間をかけて考えることです。

長時間悩んだのに答えが出なかったり、やっとの思いで出した答えが間違っていたりするせいで数学が嫌いになる人がいますが、数学というのは実は「正解を求められるか」よりも「どれだけ考えて答えに近づけられたか」という思考のプロセスにこそ意味があります。

問題に対して熟考できた人は、たとえ答えが出なくても自分がどこで詰まったかがはっきりするので、解説を見るとすぐに「なるほど！」となるでしょう。その感動があれば自力で解けなくても、その問題から吸収できることはたくさんあります。そして、その上で解法暗記をすれば、復習で解き直した時にはできる可能性が高くなります。

ところが、5分程度で諦めてしまう人は、分からない原因が十分につかめていないので解説を読んでもイマイチ理解できず、そのまま解法暗記に走りがちです。理解できていないことを暗記しようとすることはかなり難しいので、すぐに忘れてしまうでしょう。

このように、数学は思考力と思考量を必要とする科目です。数学が課される受験生のほとんどは、対策に最も時間がかかりますよね。時間がかかるのは非効率だと思うかもしれませんが、分からない問題に遭遇した時は、最低でも30分はあらゆるやり方を想定して悩んでみてください。この「ああでもない、こうでもない」と考える時間が多ければ多いほど、数学の力は伸びていきます。

というわけで、午前中は脳がよく働き集中しやすく、また昼食までまとまった時間が取れるので、数学をやるのにふさわしい時間帯なのです。この時は前にやった問題を解き直すよりも、新しい問題に挑戦しましょう。

実際に僕は、休日の9時から12時までの3時間を数学に充てて、塾の難しい予習問題を解いたり、参考書を解き進めたりしていました。

ところで、受験で数学を使わない人や、戦略として数学から離れている人もいると思います。その場合は、**今、自分が最も力を入れている教科を午前中にやりましょう。**

例えば、英語なら長文を読んだり、日本史なら資料集を読み込んで苦手な人が多い文化史をやったりするのがいいでしょう。午前中はあれもこれも手を出すより、教科や分野を一つに絞って集中的に勉強するほうが効果的なので、英単語のようなちょっと軽いものよりも、時間がかかりそうなものや頭を使うものに挑戦しましょう。

このように、午前中は脳が疲れていない分、午後や夜に比べて勉強がはかどりやすいので、数学をメインにしつつ、自分が今、特に伸ばしたいと思うものを積極的に取り入れるといいと思います。

午後は休憩を挟みながら 休日編

昼寝を30分取ると脳がリフレッシュしますが、オフモードで休んでいたところから急にオンのスイッチを押してハードなものに取り組もうとするのは難しいと思います。

僕の場合、仮眠して起きると確かに頭自体はスッキリしましたが、勉強へのモチベーションはそこまで高くない感じでした。しかし、そこでスマホやテレビなどの娯楽に逃げてしまうとますます勉強を再開したくなくなるので、朝の起床後と同じように、30分間は前日の復習や、英単語をいくつか覚えたり、英文法の問題を解いたりといった、比較的楽で始めやすいものからやっていました。

こうすることで徐々にオンのモードへと切り替わり、30分後にはしっかりとやる気を持って午後の勉強に臨める準備が整います。

さて、この状態になってから何をやるかですが、午前中と違って「特にこの教科がおすすめ」というものはありません。ただ、昼過ぎの時間帯の特徴である「眠くなりやすい」というところを踏まえたプランを考えることが重要になってきます。

学校では午後の授業でついうとうとしたり、時には机に突っ伏して寝てしまったりする人も見かけます。僕は授業中に寝ることはなかったのですが、眠気を感じて先生の話が頭に入りにくく、授業にはあまり集中できませんでした。

学校がない日は昼寝を挟んだりできるので、学校がある日に比べると勉強に取り組みやすいとは思います。しかし、午前中のように3時間ノンストップで一つのことをやろうとすると、途中で眠たくなってきたり、ふとした瞬間に集中が切れてしまうことがあります。そこで僕がおすすめなのは**「こまめに短い休憩を入れる」**ということです。

このように言うと、例えば「1時間勉強して10分休憩する」といった学校の時間割のような形式を想定する人が多いと思います。実際に「ポモドーロ法」と呼ばれる勉強法があって、これは25分の勉強＋5分の休憩を一つのセット（1ポモドーロ）として、4セットしたら今度は30分休むという方法です。人間の集中力は長くても90分程度しか持続せず、その上MAXの集中力となると30分で切れてその後は低下するという研究結果から、この方法は編み出されました。

一見すると科学的根拠があって正しいタイムマネジメントの方法のように思えます。実際に大学のレポート作成に関して実験すると、休憩なしで作業していた人たちよりもポモドーロ法で取り組んだ人たちのほうが、書き終わるのが早かったそうです。

しかし、みなさんが受ける大学の入試は、1教科の試験時間がどれも最低1時間はあると思います。それなのに25分やって5分休むというのを習慣化してしまうと、このリズムが体に染み付いてしまい試験中に頭が働かなくなる可能性も出てきます。

まだ長時間の勉強をしたことがない高1や高2の人であれば、この方法から始めて徐々に勉強時間を延ばしていくのもいいかもしれません。しかし、実践的な勉強という観点では、ポモドーロ法は特に受験生に対してあまり効果的でないと言えます。

では1セットで勉強する時間を1時間などにすればいいかというと、それもおすすめできません。学校の授業を振り返ってみてください。終わりの時間が決まっているとだんだん「あと15分で終わる」「あと10分したら休憩だ」と休憩のことばかり考えてしまい、集中できなくなることはありませんか？　逆に授業が始まったばかりは、まだこんなに時間が残っていると感じて、モチベーションが上がらないこともあり得ます。

僕もそうですが、人はなるべく楽をしたいと思いがちです。僕は勉強することは好きなほうですが、勉強する必要に駆られていなければ、正直休むほうを取ります。学校の授業のように時間で区切ってしまうと、休憩のことに意識が取られやすくなって肝心の勉強に身が入らなくなってしまいます。頑張らなくても時間がくれば自然と休憩になるわけですから、なおさら楽をする方向に進みやすくなります。集中して勉強するために休憩を挟むのに、休憩するために勉強しているようではまさに本末転倒ですね。

では僕はどうしていたかというと、**午後の時間帯は時間ではなく、やることをベースにして休憩を入れる**ようにしていました。第3章で紹介した「タスク単位」のスケジュールです。具体的には「参考書のこの問題まで終わったら休憩を10分取る」という感じです。この方法なら、自分が行動してやることをやらなければいけないわけですから集中しやすくなりますし、休憩に入る時も達成感が得られます。

どこまでやるかの決め方としては、「集中力が持つのは約90分が限度」ということを考慮して、その時間内でできそうな分量を心がけていました。これも第3章で紹介したスケジュール管理を毎日やっているうちに、一つのことにどれくらい時間がかかるかがつかめてくるはずです。

時間は参考程度に意識して、やると決めたことが終わるまでは絶対に投げ出さずに勉強を頑張りましょう。もしも90分を想定したのに大幅にオーバーしてしまった場合や、90分間集中し続けることが難しいのであれば、分量を少し減らして調整してみてください。

さて、休憩の取り方にも大事なポイントが二つあります。

まず、**時間は10分間と決めること。**タイマーできっかり10分計ってください。時間を計って必要以上に休みすぎないようにしましょう。時間にルーズにならずに、自分を律してしっかり守ることは、受験のみならず人生において大切なことだと思います。

そして、**その10分間はスマホを触ったりベッドで休んだりはしないこと**です。

あくまで脳を休ませる休憩の時間であって娯楽の時間ではありません。この時間に遊んでしまうと、勉強中にもそちらに意識が取られやすくなります。特にスマホは脳をさらに疲れさせますし、一度触ると10分では切り上げられず、結果的にズルズルと勉強をしない時間が長引いてしまいかねません。

そこで、次の二つの過ごし方をおすすめしたいと思います。

① 初めの5分間は席を立って歩いたり、ストレッチをしたりする
② 次の5分間は目を閉じて瞑想する

まず①ですが、椅子に座った状態が長いと血流がかなり悪くなります。その結果、脳に十分に栄養が行き渡らなくなって、だんだんと眠くなってしまいます。だから休憩の時は必ず立ち上がって少し歩きましょう。洗面台に行って顔を洗うと眠気が吹き飛びます。さらに屈伸をしたり背伸びをしたりと、ストレッチで体を動かすことで血流を良くするのがベストです。

②については、脳を休ませるには目を閉じることが重要です。脳には五感の中でも特に視覚から膨大な情報が入ってきていて、その情報を処理するのに多大なエネルギーを使っているからです。脳を少し休ませたいのなら目を閉じて、目からの情報をシャットアウトすることが一番です。しかもただ目を閉じるのではなく、何も考えずに瞑想することで、より休息の効果が

高まりますし、次の勉強の時の集中力を高めることができます。もしも瞑想中眠くなってしまうのであれば、立ったままで行うのがいいかもしれません。

このような方法で休憩を取りながら、午後は自分のやりたい勉強を進めてください。午前中から続けて数学をやってもいいと思いますし、英語の和訳をやったり、理系の人なら物理の問題を解いたりするのももちろんOKです。

基本的には第3章で決めた自分の戦略にしたがって、何をするか前の晩のうちに考えておきましょう。

ただし、同じ科目ばかりやって飽きてしまった時は、当初の作戦を変えて別のことを始めてみるのがおすすめです。

お風呂のタイミングがカギ 休日編

午後の勉強がだいたい18時に終わるとして、そこからは夕食やお風呂の時間が待っています。

実は、ここからが受験生の間で差が出てくる時間帯です。

努力している受験生は、夜もコツコツと勉強をしています。その一方、テレビやスマホなどの誘惑に負けてしまう人もいます。その積み重ねによってどれほど大きな差ができるかは想像に難くないでしょう。

事実、午前や午後にしっかりと勉強してひと段落すると、頑張った自分に甘くなってしまい、それ以上勉強ができなくなってしまうことはありませんか？　高2までの僕はこの典型例で、勉強した自分へのご褒美としてテレビのバラエティやドラマを観て、ご飯を食べてお風呂に入って、22時頃になってようやく再び机の前に座りました。しかし、勉強をやろうとしてもモチベーションは上がらず眠いばかりで、1時間くらいでその日は終了という感じでした。

受験生になってからは夜の過ごし方を少し工夫することで、その時間帯もきちんと勉強できるようになりました。その工夫を紹介したいと思います。

結論から言うと、**午後の勉強が終わったら夕食の前にお風呂に入りましょう。**

午後の勉強が終わって、スマホを触って遊んで、夕食ができたら食べて、その後お風呂に入って……としていると、どうしても「勉強をしないまとまった時間」が長くなってしまいます。

このようなリラックスモードが長くなればなるほど、勉強に対するモチベーションが下がって勉強に戻りにくくなってしまうのです。

その理由は医学的な原理から説明できます。人は脳の温度が下がると眠くなります。活動している時は脳をコンピュータのように働かせているので温度は高いのですが、休む時には下がってきて、それによって脳は「そろそろ眠る頃だ」と理解します。

実は、お風呂に入ると脳は休む準備をしてしまいます。熱いシャワーを浴びたり湯船につかったりすると、体温と脳温はやや上昇します。そして、お風呂から出ると手足から熱が徐々に放射されていき、体全体の代謝が下がって、それに伴い脳温も下がります。この温度変化によって脳は「そろそろ眠る時だ」と判断して、睡眠に関わるホルモンを調整します。それで、だんだん睡魔が襲ってくるのです。

そこで、むしろ午後の勉強後すぐにお風呂に入ってしまいましょう。そうすれば、勉強の疲れも取れてリフレッシュできますし、何より夕食がその後に控えています。食後は糖が脳に供給されるので活動的になります。

ただし、急激に血糖値を上げてしまうと、血糖値を下げるインスリンが必要以上に分泌されてむしろ低血糖になり、脳に糖が行かなくなって眠気につながりやすいので要注意です。食べ過ぎや糖分の取り過ぎ、早食いなどには注意してください。

ついでに、お風呂から上がって夕食を待っている間に、英単語などを少し挟んで少しでも勉強の時間を取り入れると、リラックスモードが長くならずに済みます。ぜひ実践してみてください。

こうして確保した夜の時間は、少し軽めのものを複数やりましょう。例えば英単語を覚えて翌日の朝にやる復習テストを作ったり、その日勉強したことを軽く復習したり、前に間違えた問題を復習として解いたりするのがいいと思います。

夕食後にテレビやＹｏｕＴｕｂｅを見たくなる気持ちは十分分かりますが、見るにしても時間や内容を最初に決めてダラダラし続けないようにしましょう。**特にベッドの上でＹｏｕＴｕｂｅを見るのは受験生なら絶対にやめるべきです。**これに関しては、一人一人が自覚を持って自分自身を律することができるか、という気持ちの勝負です。

オンとオフのメリハリをつけて勉強し、日付が変わる頃にはその日の記録と翌日のスケジュールを立てて寝る準備をしましょう。

登下校中にできること 平日編

ここからは、主に学校や予備校がある日のプランです。

平日は自分でカスタマイズできる時間があまり多くないですよね。そこで登下校中、帰宅後について話をしていきます。


まず登下校時の隙間時間で何をするかということから説明しましょう。

ほとんどの人にとっては勉強できる最初のタイミングは登校中ということになりますね。電車に乗る場合は、もし睡眠不足で疲れているのなら無理をせず寝たほうがいいと思いますが、そうでないのなら、**この時間を利用してどんどん学習を進めていきましょう。**

少しの隙間時間も無駄にしないよう、電車の中ですぐに英単語帳を開く人も多いと思います。それ自体は僕も賛成ですが、方法には注意が必要です。ただ単語帳をパラパラと眺めるだけでは一向に頭に入ってこないので、自分が覚えていなかった単語のみを集めた単語カードを作ってそれでテストするのがいいと思います。考えなければいけないアクティビティをして、脳を徐々に稼働させていくと眠気も飛んでいきます。

僕がこの時間にやっていたのは、リスニングでした。リスニングと言っても音声を聞いて問題を解くわけではありません。ＣＤがついている長文の参考書を買って、その音声を携帯音楽プレーヤーに入れて、登下校中に聞いていました。ただ聞くだけだと頭を使わず音だけが流れていってしまうので、一度解いて何度も音読した長文を中心に、心の中で暗唱しながら聞いていました。

あまりリスニングの対策をしていない人が多いと思いますが、共通テストでの配点がかなり高いことを考えると、**登下校の時間で毎日少しずつ英語を聞いて対策し、それを習慣化していくのがおすすめ**です。周りがうるさくて集中できないのではないかと思うかもしれませんが、本番の試験でも多かれ少なかれ雑音があるので、むしろ登下校中のリスニングによって本番を想定した練習ができます。

下校の時には友達と一緒になる人もたくさんいると思います。おしゃべりに興じるのもいい息抜きではありますが、僕はよくお互いに問題を出し合って知識をアウトプットしていました。問題を出すためにはしっかりインプットされていることが前提になり、それをアウトプットすることによってより知識が定着しますし、自分の成長が確認できます。友達から出題されて分からなかったものも、そのエピソードと合わさることで記憶に残りやすくなります。

さらに、同じ東大志望の友達とは良きライバルとして、一緒に帰りながら頻繁に情報を交換していました。模試の成績やどんな参考書を使っているか、どんな勉強をしているかなど、身近な友達の話はいつでも刺激になり、勉強へのモチベーションが上がります。一緒に高め合うという意味でも、この時間を上手く利用してみてください。

帰宅後の行動は決めておく 平日編

放課後は、部活がある人、塾に行く人、図書館にこもって勉強する人、そのまま家に帰る人などいろいろなパターンが考えられますね。ここではすぐに帰宅する人を想定して話をします。

まず、家に帰るとソファに座ってテレビを観たり、ベッドの上でスマホを触ってくつろぎたくなると思いますが、休日の時と同じように、なるべく休憩の時間は分散させて、勉強から離れているまとまったリラックスタイムが長くならないようにすべきです。

何を勉強するかを考えるのが帰ってからだと、どうしてもまずはゆっくりしたくなってしまうので、**必ず前の晩のうちに帰ったら何をするかを決めておきましょう。**

それでもいきなり1時間以上勉強するのは体力的に厳しく、やる気が上がらないと思うので、

30分から1時間程度で終わりそうなものを考えておくと、帰宅後スムーズに勉強を始められます。

その勉強が終わったら、やはり夕食の前にお風呂に入りましょう。

そして夜は、1日の中で自分の勉強がしっかりできる唯一の時間帯なので、戦略やスケジュールにしたがって、ガツガツ進めてください。これももちろん前の晩のうちにやるべきことを考えておきましょう。

ただし次の日も学校があるのなら無理をせず、リズムを壊さないように決まった時間に寝るようにしてください。

第5章

〈教科別〉超戦略的勉強法

Ⅰ

1年間で東大レベルまで引き上げるための戦略

さてこの章では、各科目の具体的な勉強法について話したいと思います。

受験生はみんな気になるところですよね。

動画でも各科目の勉強法や単元ごとのポイントは細かく配信しているけど、この本では数学、英語、国語の3科目を総括的に伝えたいと思っています。この章も内容の濃いものをお届けできる自信はあるよ。

やっぱ天彗さんって、自己肯定感が高いですよね。

当たり前や。そうじゃないとＹｏｕＴｕｂｅｒなんてやってられません。

天彗はこれまで壮絶な人生を歩んできたからね〜。自己肯定感が高くないと生きていけなかったんでしょう。

俺の人生なんか今はどうでもいいねん。じゃあまずは受験生がいつまでに何をするべきか、ざっくりお伝えしたいと思います。

合格までの道のりが見えていないと危険ですよね。第1章で話したように、僕は現役の時に、全体像を見ずに勉強していて、結局間に合いませんでした。

夏までは基礎とかよく言われるけど、それからどうすればいいか悩んでいる人多いよね。

確かに。過去問いつからやればいいですか？っていう質問はよく来るよね。ちなみにくぁないは過去問いつからやっていたの？

俺はほぼ過去問やってないですね。

え？　じゃあ秋とかは何をしていたんですか？

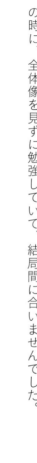

ひたすら予備校の自習室で、参考書や予備校のテキストやってたかなー。私立の英語とかだと問題形式似ているから、テクニックとかじゃなくて、とにかく実力つけようとしてた。

なんかかっこいい（笑）。

過去問は不要みたいな流れになってません？　大丈夫ですか？（笑）。

くぁないはある意味特例だから（笑）。国公立志望の人は、やっぱり過去問演習をいかにていねいにそしてたくさんやるかが、合格のカギになると思ってます。

そうですね。僕も東大の過去問は何周もしました。

それでは早速本編にいきましょう！

高3では「いつ」「何を」すべきか？

科目別の勉強法に入る前に、まず合格までの全体像となる大まかなスケジュールをお伝えします。全体像を把握せずにただ漫然と参考書を進めている人は、地図とコンパスを持たずにノリと勢いで大海原に出るくらい危険です。

- 入試基礎固め（4月〜7月中旬）
- 入試実践演習（7月下旬〜11月）
- 共通テスト・2次試験直前期（12月〜2月）

この三つの時期に分けて、入試本番から逆算して科目ごとにどのように参考書を進めて勉強していくべきかを見ていきましょう。

高1・高2の人もこの1年の道筋を見ておくと、受験生になる前に「各科目でこういうことをやるべきなのか」という新しい発見があるでしょう。

どの学年の人も自分に足りない要素を吸収して、今日からの勉強に役立ててください。

▼▼合格までの「全体像」を把握せよ

全体像を把握する――。頭では分かっていても、実際にできている受験生は意外にも少なく、特に地方高校ではその傾向は顕著です。

地方高校の特徴はカリキュラムの進度が遅く、また東大に現役合格した人数や情報も少ないため、どうしても「浪人が前提」と思われている節もあります。でも、カリキュラムの進度が早くて高2から受験勉強を開始しているような「都会の有名高校に通う受験生」と対等に勝負できる土俵に立つことは可能です。

そのために必要なのは、与えられた課題をただ漫然と進める受動的な勉強ではなく、現役合格までの戦略を立てた上で、主体的な勉強をし続けること。

そして、戦略を立てるのに最も重要なアイテムが、**現役合格というゴールから逆算した「全体像（スケジュール）」**です。

今の時期は何をやるべきかを把握した上で、ぜひ普段から勉強していきましょう。

入試基礎固め（4月～7月中旬）

この時期は各科目の基礎を固める最後のチャンスです。特に東大や京大など難関大を受験する人であれば、文系理系問わず「数学」と「英語」が肝になってきます。

あくまでもイメージですが、理科・社会は3か月あれば安定しやすい（努力量に比例して成果が現れやすい）一方で、数学や英語は合格点を安定して取るために「基礎を身につけてから最低でも半年はかかる」と思ってください。

各科目の進め方やおすすめの参考書などはこの後で詳しく伝えますが、**「自分のレベルを把握」した上で「勉強計画をカスタマイズ」する必要があります。**

ただし基礎だからと言って、高1や高2の時に使用した教科書や参考書をゼロから始めるのはナンセンスです。きっと時間が足りなくなります。

この本を手にした時点で「もう8月だ！」という人は、8月末の全統記述模試までを入試基礎固めの一つの目安にしましょう。「それも過ぎている！」というなら、まずは各科目の勉強法を読み、必ず逆算をして「今の時期は何をすべきか」をぜひ考えてみてください。

入試実践演習（7月下旬〜11月）

この時期から2次試験の過去問を解き始めます。過去問を解く意義は**「自分の現状の学力とのギャップを知る」「入試の傾向を知る」**。この二つです。

やみくもに多くの問題を解けば良いのではなく、しっかりと考えて解き、その結果に応じて必要な対策をすることが大切です。

この後の科目ごとの勉強法を見て、入試実践演習としてどのようなことを意識して進めていくべきか、過去問の勉強法・使い方などを参考にしてください。自分に足りない部分があれば、すぐに活用してほしいと思います。

難関大であれば11月に大学別の模試があるので、そこで結果を出すことが重要な目標になります。ここから逆算して計画を立てていきましょう。

数学・英語・国語の主要3科目はもちろん、理科・社会の演習も積んで入試に対応できる実践力を身につけておく必要があります。そのためには、例えば8月の夏休みは科目のバランスをあえて崩して「数学と理科に特化する」というのも一つの戦略です。

模試の判定はそこまで気にしなくても良いですが、目安としてC判定以上であればひとまずOKです。

ちなみに、東大や京大は8月にも模試がありますが、現役生は8月の判定は気にしなくて大丈夫です（浪人生はしっかりと標準を合わせるべきですが）。

ただ、8月ともなれば、数学・英語・国語の主要3科目は習っていない範囲から出題されることはないはずなので、今の実力でどの程度点数を取れるのか、一つの良い指標になります。

共通テスト・2次試験直前期（12月〜2月）

12月・1月は共通テストの過去問演習に取り組みましょう。ここで過去問演習をする意義は**「形式慣れ」**と**「本番の想定」**です。

まず一つ目の「形式慣れ」ですが、共通テストは特有のマーク式で、問題形式も2次試験の過去問とは異なります。具体的な科目ごとの対策を後述していますが、2次試験よりも簡単だからといって過去問演習を怠ると痛い目に遭ってしまいます。しっかり対策をしましょう。

次に、二つ目の「本番の想定」ですが、共通テストの問題は科目ごとにある程度形式が決まっており、事前にどの大問をどのくらいの時間で解くなどの戦略を立てやすくなっています。繰り返し過去問演習をし、戦略を立て本番に臨んでください。

共通テストが終わると、いよいよ2月からは私大入試や国公立の2次試験が始まってきます。この時期に大事なのは「切り替え」です。

センター試験の結果を受けていつまでも切り替えられず、私大や2次試験の勉強を再開できない人が毎年多数見られました。

大学入試は共通テストだけでは決まりません。私大は入試当日、国公立は2次試験当日の試験結果で合否が決まります。共通テストの結果は結果として受け止め、頭を切り替えて志望校の対策に臨みましょう。

それでは、いよいよ主要3科目の勉強法に移ります。

Ⅱ

数学

最も差がつきやすく、
理系の合否を分けるカギになる科目

全体像を再認識してまずは数学の話ですね。あれ、くぁないさんどこに行くんですか？

数学でしょ？　俺、三平方の定理以降やってないからパスで（笑）。

じゃあ僕も数学あまり好きじゃないから仮眠取りに行こっと。

いやあかんて。くぁないも数学の面白さに目覚める時が来るから。

絶対に来ない（笑）。てか、数学とか足し算引き算できればやらなくていいじゃん。

出ました、数学嫌いが数学をやりたくない時に言うセリフ第1位（笑）。

でも数学がないと家は建てられないし、ロケットも飛ばせないで。

いつか宇宙に行きたい気持ちはあります（笑）。

その時に、数学の力がないと墜落しちゃうんですよ。

それは困るね〜。じゃあ理系のみんな頑張って！

完全に他人任せやん（笑）。

あいだまんは、なんで数学をやるのかって聞かれたらどう答えますか？

論理的な思考力や、様々な角度から物事を見る力、ミスをチェックする力などを養うためかな。あと単純に面白いっていうのもある！

確かに数学を勉強すると、いろいろな解法があるから複数の方法を考える力は身につ

くし楽しいよね。

体育で跳び箱を習うのは、将来跳び箱を跳べるようにするためじゃないのと同じで、数学も、将来数学ができるようになるためにやるわけじゃないと思う。

なんか深イイですね。

ふ〜ん。

全然響いてない（笑）。結局くぁないは数学が嫌いで文系にしたの？

いや、理系を諦めたのは化学のモル計算が無理だったからです。

数学じゃなかった（笑）。

数学を制するものが受験を制す!

数学は入試において最も差がつきやすい科目の一つ。特に理系にとって数学こそ重要なカギになります。

東大や京大、医学部を受験するレベルになると「数学を制するものが受験を制す」と言っても過言ではありません。

その理由として「1問あたりの配点の大きさ」が挙げられます。

例えば東大理系なら1問20点で6問(120点)、京大なら1問30~35点で6問(200点)と高得点であるため、数学の試験だけで得意な人と苦手な人では30点以上差がつくことも十分あり得ます。

数学が苦手な理系の人からするとつらい事実ですが、ただし、よほど数学が得意な人じゃないと高得点(75%以上)を狙うことは難しいので、安定して5割、6割(合格者平均レベル)を取れる実力を身につけることを最終目標としましょう。

数学には「暗記型」と「理解型」の二段階がある

前提として、数学の勉強法には「暗記型」と「理解型」の二つの段階があります。

「暗記型」は、青チャート（『チャート式基礎からの数学Ⅰ＋A』）や『Focus Gold』など解法網羅型の参考書に載っている例題の解法を暗記し、最低限の公式や基本的なパターンを身につける段階です。

「理解型」は、最低限の解法を身につけた上で、難易度の高い入試レベルの問題を初見で解く際に、問題の意図や方針をじっくり考えながら理解する段階です。

僕はこれまでいろいろな生徒を見てきて強く感じるのですが、分かりやすい目安として河合塾全統記述模試を基準に分けると、次のような傾向があります。

偏差値60までの大学→暗記型（解法暗記）だけで対応できる＝標準レベル（共通テストのみ）
偏差値60以上の大学→暗記型に加えて理解型の演習が必要＝上級者レベル（2次試験がある）

もちろん模試の偏差値はあくまでも基準ですが、今の自分のレベルがどの段階なのかを考えながらこれから読み進めてください。

暗記型だけで対応できる「標準レベル」

数学が苦手な人や、文系の人、共通テストのみの人は、まずここを読んでください。
というのも、数学に対する苦手意識を持つ理由として、次の二つが挙げられます。

①　定義や公式が曖昧（理解不足）→点が取れない
②　分かったつもり勉強（教科書を読んだり答えを見て理解することに過剰な時間をかけてしまう）→できる気になる→演習不足→点が取れない

そういう人はまず何を意識すればいいか？

結論を言うと、軽く公式をさらったら「手を動かす」ことです。同じ問題でもいいので何度も解き、基礎的な問題を確実に解けるようにします。僕も何度もやっていました。これにより学力アップ＋成功体験が増して、数学が好きになるはずです。逆に言うと、問題を積極的に解かないと、いつまでも数学ができるようにはなりません。

そして、演習を積んでいく中で定義や公式の使い方を理解して、その解法を暗記していきましょう。

理解型の演習も必要な「上級者レベル」

2次試験がある人、そして数学が得意な人も**「思考力は一朝一夕に身につくものではない」**ことを肝に銘じてください。

そのためには解法暗記ができたら、どんどん理解型の演習をしていく必要があります。しかも、できるだけ答えを見ずに頭を抱えて答案を書く練習をしてください。

特に地方公立理系の人に意識してほしいのですが、学校で教科書が終わってから2次の対策をしていたのでは全く間に合いません。

まずは分野独立になっている整数や確率（数列は履修しておくこと）などから2次試験対策の演習系問題集を用いて、早めに取りかかりましょう。

そして、単元融合問題が頻出の難関大がほとんどなので、分野独立の問題と並行して、融合問題にも取り組むべきです。

ただし、このレベルまで来ると「数学に頼りすぎないこと」も大切になります。冒頭にも述べた通り、よほど得意な人を除いて数学の2次試験で高得点（75％以上）をコンスタントに取ることは不可能に近いです。もちろん問題との相性で取れる回がある人もいるかもしれませんが、ごく稀です。

あくまで「入試は総合得点」なので、数学はコンスタントに5割、6割を超えるようにし、理系なら英語や理科を高得点で安定させるほうがよっぽど楽になるはずです。

具体的な学習方法

数学ⅠAⅡB

標準レベル

文系理系問わず共通テストレベルなら、とにかくちゃんと授業を聞いて分からないところがないようにするのが一番です。

学校なら、出された課題の問題集などを進めましょう。

とにかく、**7月中旬までに基礎を確実に固めること。**

基礎は大事です。公式の使い方など基本ができないと後々後悔します。一つの問いに対して一つの解き方が決まっている問題が解けなければ、さらに難しい問題を解くことなどできません。

特に苦手な分野があれば、そこを避けずに重点的に取り組んでいく必要があります。「手遅れかもしれない」と感じる人も焦らず、参考書を解くなどして早めにリカバリーをしてください。

そして、8月以降は応用問題など時間をかけてしっかり解いていきましょう。まずは自分がどこでつまずいたかを理解し、できないところは基礎に戻って再確認します。ある程度慣れてきたら過去問を解きます。秋からでも決して遅くはありません。

合格のためには、過去問分析がとにかく大事です。共通テストでどういう問題の出方が多いかなど、過去問や模試を通じて早めに知っておくといいでしょう。

上級者レベル

数学が得意な人は「理解するステップ」を怠らないので、演習していればなんとなく解けるようになってくるものです。ただし、そこであまりやらない分野や苦手分野などの取りこぼしがないようにしましょう。

高3になった時点ですでに応用問題もある程度は解けると思いますが、本当に基礎ができているか不安な場合は、春のうちに一通り基礎を復習しておくことです。授業で使う教材が難しければ、その予習復習をしっかり行い、何周もして自力で解けるようになるまでやってください。

並行して時々、マーク式（共通テスト）の対策を行うことも大事です。本気でスピード慣れするのは直前期で良いですが、とにかく点数を安定して取れるようにしておいたほうが他科目への負担が軽くなります。

2次試験の過去問は夏頃から解きますが、**はじめは何時間かけてでも自分の頭で考え、持てる知識から考えをひねり出す力を鍛えてください。**

2次で高い記述力が必要になる人は「どんな言葉の使い方なら大丈夫なのか」「どうすれば論理が通るか」など練習を積み重ねて、解答と比べたり、先生などに添削してもらうのも良いでしょう。

あとは、過去問でよく使われるアプローチ方法（定石）を分析し、解法を整理して頭の中に入れることを意識してみてください。最初は難しいかもしれませんが、様々な過去問を分析して解法を整理することは記憶に残りやすいのでおすすめです。

そのためには分野別対策が極めて有効です。志望大学で頻出単元となっている分野を集中的に勉強することで得点力アップを図りましょう。

コラム　整数問題が好きになる

ＰＡＳＳＬＡＢＯのＹｏｕＴｕｂｅの中で「整数問題」の解説動画が好評です。例えば京都大学の入試問題で「$a^2-b^2=65$」から(a,b)の組を求めるものや、自作問題でクリスマスイブにちなんで「$a^2+b^2=1224$」から同様に(a,b)の組を求める問題など、様々なパターンの入試実践演習の動画を上げています。

整数問題はセンスやひらめきだと思われる部分がありますが、決してそうではありません。

ＰＡＳＳＬＡＢＯでは毎回の動画で「整数問題の３つの解法」として、

① 足し算を、掛け算の形にする（因数分解）
② 条件から範囲を絞る（対称性など）
③ 倍数や余りに注目する

という形で体系化しています。様々な入試問題を分析して体系化したポイントを紹介した上で、京都大学や一橋大学などの難関大の入試問題をゼロから一緒に解いています。

初めて見る難しい整数問題でも、「困った時にどういうふうに考えているのか」「3つの解法をどのように使い分けているのか」など、僕たちの頭の中を見せながら解説することで、「最初は手も足も出なかったけど、自分でも解けるようになった！」「おかげで整数問題が好きになった！」「もっと解きたい！」という声を多くの人からもらいました。

「センスもひらめきもないから整数問題は無理」と思っている人は、ぜひ一度見てみてください。きっと整数問題が好きになる、その感動が待っています！

また、苦手な人が多い図形問題や確率でも同様に体系化した解法をまとめているので、参考にしてもらえると嬉しいです。

数学Ⅲ

標準レベル

数Ⅲのキーワードは「やったらやっただけできるようになる」です。ⅠAⅡBよりも、さらにこの傾向は顕著です。

数Ⅲが苦手になる理由は、取りかかるのが遅くなることによる演習不足、これに尽きます。

つまり、**早期に取りかかることこそ数Ⅲを得意科目にするポイント**です。

最初の壁は「概念、定義が把握できないこと」ですが、ある程度（地方国公立、日東駒専レベル）までは教科書をマスターすれば十分です。教科書を何度も読み込んでください。

逆に、それほど教科書の理解自体が難しいとも言えます。

遅くとも高3の夏まで、できれば2年生のうちに1周は学習しておくと後が楽です。

次の壁は「計算ミス」です。演習を積んでいない人ほど「え!?　今さら計算ミスなんてしない」と思うかもしれませんが、最初は積分を中心にⅠAⅡBの比でない量の計算ミスをするはずです。青チャートや『Ｆｏｃｕｓ　Ｇｏｌｄ』などで演習を必ず積むこと。毎日なんらかの形で必ず数Ⅲに触れてください。

上級者レベル

ある程度の基礎力がついて演習量を積んでいる前提ですが、難関大学になるとただ単に計算力をつければいいというものではなくなってきます。とはいえ、「2020東大理系第3問」のように計算するだけで発想が必要ないものもあるので、計算力は絶えずつけておくべきです。

頻出の微積分を中心に、極限やⅠAⅡBとの融合問題への対応力をつけましょう。ちなみに、複素数平面は近年のトレンドです。

レベルが高くなると数Ⅲでも発想力を求められる問題が増えてきますが、この発想力は経験則で補うことが可能です。

また、定石的な解法を知っていたり、問題の背景を知っていたりすることで解ける問題も多いため、数多くの問題に触れることが大切です。

実力がついてきたら、じっくり問題に取り組んで発想力を鍛えましょう。特に、積分不等式などは答えを見て納得するだけではなかなか難易度が高くて対応できません。

共通テスト直前期（12月、1月）に全く数Ⅲをしないのは危険です。ブランクは致命的なので、週に1回でも積分計算など少しずつでも数Ⅲに触れておきましょう。

おすすめの参考書

標準レベル

・『初めから始める数学』シリーズ（Ⅰ、A、Ⅱ、B、Ⅲ。馬場敬之著、マセマ出版社）

教科書よりも数段分かりやすく書かれています。本当に数学が苦手な人や数Ⅲを独学しようとしている人におすすめです（推薦の声も多く聞きます）。

・『アドバンスプラス　改訂版‒数学Ⅰ＋A』（高校数学研究会、啓林館編集部、新興出版社啓林館）

傍用問題集。教科書レベルと、さらにもう一段上の問題が載っています。これらの問題集は演習量を確保するのが目的。苦手の理由になる「演習量不足」を防ぎましょう。学校の課題や授業に合わせて演習するのがおすすめです。

・『Focus Gold 4th Edition 数学Ⅰ＋A』（豊田敏盟、竹内英人ほか、新興出版社啓林館）

・『増補改訂版 チャート式 基礎からの数学Ⅰ＋A』（チャート研究所、数研出版）

いずれも網羅系問題集。パターンをつかむことが目的なのでテンポ良く解いて回転数を上げ、解法暗記を行いましょう。間違えた問題は塗り絵のように何度も見直してつぶし、解き進めていきましょう。

『Focus Gold』は例題の問題レベルが5段階用意されています。まずはレベル3までの例題を完璧にすること。

『チャート式基礎からの数学Ⅰ＋A』は4段階ですが問題量が豊富です。

ただ両方使う必要はないので、実際に見て自分に合うほうを決めて、徹底的に使い倒してください。

・**センター試験**（共通テスト）**の過去問**

誘導はていねいなので、実力がついてきた人にとってはたやすい問題ですが、基礎力をつけるにはぴったり。まずは時間制限を設けずに9割取れるかを試します。なお、過去問は大学入試センターのWEBサイトからダウンロードできます。

上級者レベル

《解法暗記》

・『Focus Gold 4th Edition 数学I＋A』（豊田敏盟、竹内英人ほか、新興出版社啓林館）

・『チャート式 基礎からの数学I＋A』（チャート研究所、数研出版）

いずれも網羅系問題集。標準レベルでもおすすめしていますが、上級レベルの人も例題は全部やるべきです。

特に「『Focus Gold』の良さは例題だ」と僕は強く思います。後半も質が高い問題＋解説が続いています。テンポ良く解いて回転数を上げましょう。

・『1対1対応の演習－数学Ⅰ－新訂版』（東京出版編集部、東京出版）

『Focus Gold』の次にやる参考書。レベル的に重複もあるので良い復習になることと、独特の解法や発想が載っているので吸収しておくべきです。『Focus Gold』の後にやると良いでしょう。問題数はさほど多くないので手軽に挟めます。ただし、難しさはあるので、しっかり食らいついて理解してください。

《入試実践演習》

・『文系数学の良問プラチカ　数学Ⅰ・A・Ⅱ・B』（鳥山昌純、河合出版）

文系の人にかなりおすすめ。文系向け問題集としては最難関レベルで、名称通りの良問が集まっています。実力がついてくれば十分読みこなせるはずです。初見対応力の強化を目標に使用してください。

実は『理系数学の良問プラチカ』のほうがこの文系版より問題が易しいので、購入時には注意しましょう。数Ⅲとの融合問題が載っていないという弱点はありますが、理系生でも『文系数学の良問プラチカ』を使ってほしいと思います。

・『やさしい理系数学―三訂版』（三ツ矢和弘、河合出版）

「名前詐欺だ！」と言いたくなるくらい難易度の高い問題です。別解が豊富で思考力養成や視点の獲得に役立ちます。自分が思いつかなかった解法については「なぜその発想が出てきたのか」という意識を常に持って取り組んだり、分からないところは先生などに質問するなどして、発想力をつけてください。

《分野別》

・『マスター・オブ・整数』（栗田哲也、福田邦彦、東京出版）

整数問題は教科書と入試問題の乖離が大きい分野であるため、分野別参考書を1冊やっておくと良いでしょう。この1冊をやっておけば定石で困ることはなくなり、演習量もかなり積めます。1部で解法の定石を学ぶ↓2部で知識をつける↓3部で演習、と体系立っています。4部は本当に難しいので、必要に応じて解くので良いと思います。

・『微積分－基礎の極意』（栗田哲也、福田邦彦、坪田三千雄、東京出版）

第1部は計算練習。ひたすら計算力をつけることが肝要です。ここを軽視しないように。そして第2部は知識整理＋発展学習です。読み物として隙間時間に何度も読むこと。このパートは他の参考書で見たことがなく、本書独自の利点だと言えます。第3部は演習問題。やや簡単なところから難問までステップアップできます。第2部との整合性が取れているので解いておくと良いです。

・『数学－二次曲線・複素数平面－分野別　標準問題精講』（大内重樹、旺文社）

複素数平面や領域・軌跡に特化した問題集は珍しいので、ぜひ押さえておきましょう。

・志望校の過去問（赤本、青本など）

コラム　2次試験の過去問利用のポイント

2次試験の過去問は夏休みに解く人が多いと思います。できるだけ多く解いたほうが良いですが、それよりも類題が出題される可能性もあるので、「一度解いた問題は確実に解けるようにしておく」。これが非常に大事です。必要があれば2回3回と繰り返して解きましょう。

ポイントは次の通りです。

①目標得点を決める

数学のみで考えるのではなく、自分の得意・苦手と、志望校の配点、最低点、平均点を確認して、全科目でトータルして目標を立てておくこと。前にも書いたように、数学に過剰な期待をせずに目標点を立てましょう。

②1　制限時間通りに解く（制限時間がきたら、この段階で解けた所に印をつけておく）

←2　時間を延長して解けるところまで粘る

←

3　解答の確認、自己採点

1の目的は、本番通りの時間で解くことで時間配分を体に染み込ませることです。どの問題を本番で解くかの選球眼をつけることは非常に重要です。

2の目的は、実際の数学力を測ることです。この時点で解けない問題は「現在の実力では絶対に解けない」と明らかになり、純粋な数学力がよく分かります。足りない数学力を見極め、演習系問題集や分野別問題集でさらに強化を図りましょう。

3の目的は、模範解答の書き方を学ぶことです。自己採点で自分の解答と比較することで部分点の取り方を学びます。添削を学校や予備校でしてもらうのもおすすめです。

③解けなかった問題の分析

解けなかった問題は、その理由（何を思いつかなかったか。どこで方法を間違えたか）の分析を必ず行います。

解けた問題でも、とてつもなく時間がかかったものは、もっと良い解き方があるはずです。解答から最も適切なアプローチ方法を分析し、吸収しましょう。

難関大受験生の数学攻略スケジュール

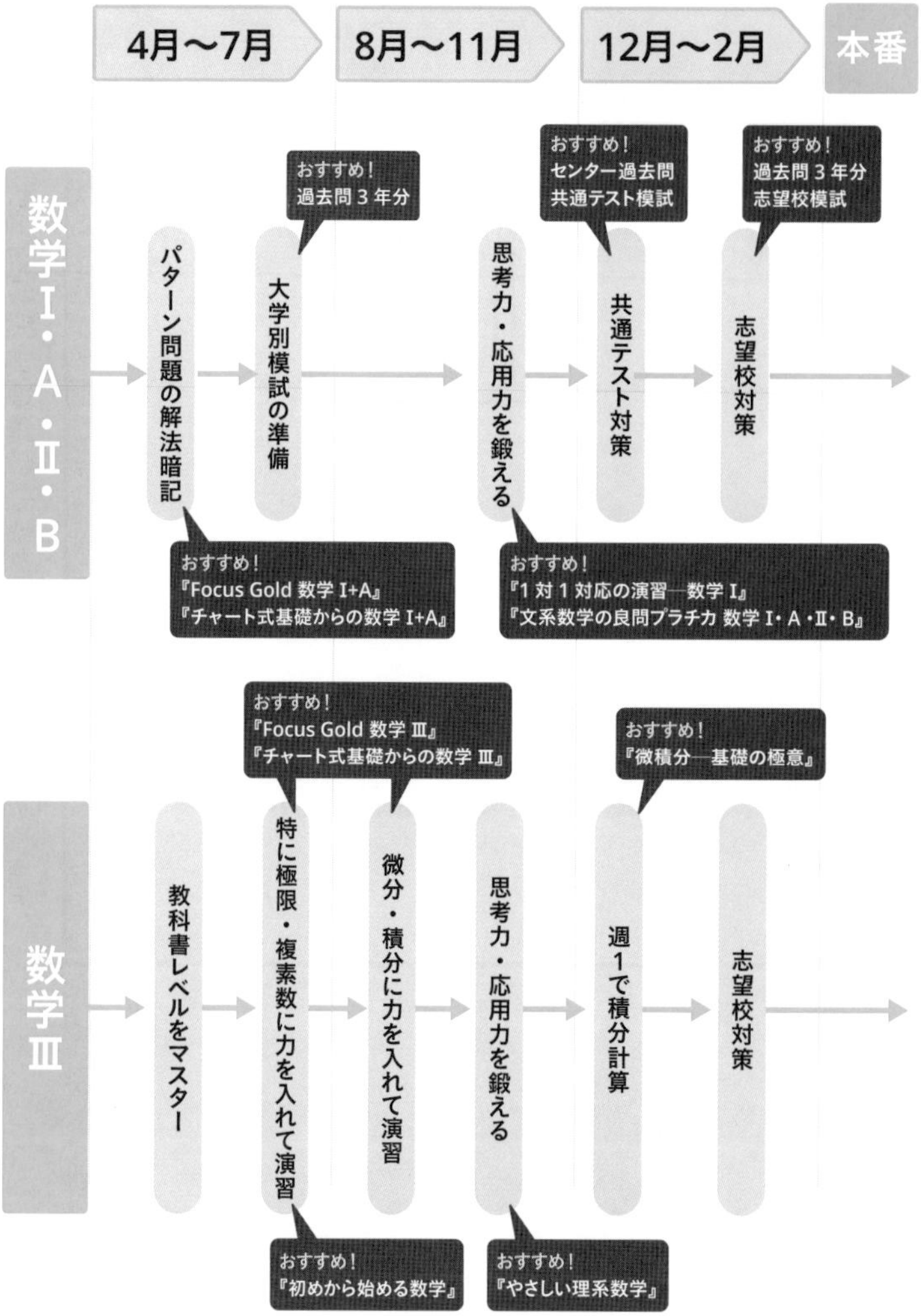
4月〜7月
8月〜11月
12月〜2月
本番
数学I・A・II・B
パターン問題の解法暗記
おすすめ!
『Focus Gold 数学 I+A』
『チャート式基礎からの数学 I+A』
大学別模試の準備
おすすめ!
過去問３年分
思考力・応用力を鍛える
おすすめ!
『1 対 1 対応の演習—数学 I』
『文系数学の良問プラチカ 数学 I・A・II・B』
共通テスト対策
おすすめ!
センター過去問
共通テスト模試
志望校対策
おすすめ!
過去問３年分
志望校模試
数学III
教科書レベルをマスター
特に極限・複素数に力を入れて演習
おすすめ!
『初めから始める数学』
微分・積分に力を入れて演習
おすすめ!
『Focus Gold 数学 III』
『チャート式基礎からの数学 III』
思考力・応用力を鍛える
おすすめ!
『やさしい理系数学』
週１で積分計算
おすすめ!
『微積分—基礎の極意』
志望校対策

Ⅲ

英語

文系理系問わず、
得点源にすべき最重要科目

はい、ということで次は英語ですね。

数学が終わったら急に生き生きし始めた（笑）。

水を得た魚みたいやな。

天彗さんの口からことわざが出てくるの珍しい（笑）。

そんなことより英語の勉強法ですよ。

くぁないさんのおすすめ英語勉強法は何ですか？

よく聞いてくれました〜。俺のおすすめは、アプリで外国人と通話すること。

無料で会話できるやつですよね？

そうそう！　会話していると、ネイティブが話す表現がよく分かるしリスニングの力も身につくんですよ〜。午前4時まで話してたことあるもん（笑）。

受験生はそんな時間ないやろ（笑）。

真面目に言うと、リスニングは受験生の時にしっかりやっとくべきだったと思う。

確かに。僕も浪人生になってから、リスニングの重要性に気がつきました。

共通テストはセンター試験に比べて、リスニングの配点が大きいから対策はしないとね。

すぐに伸びるものでもないですからね、腰を入れて継続的にやる必要がありそうです。

その通りだと思いますね。

なんかその言い方気持ち悪い（笑）。

どうしたん？　池に落ちたきれいなジャイアンみたいになってるやん（笑）。

僕はいつものくぁないさんのほうが好きだなぁ（笑）。

受験生のみなさんには、しっかり英語を得点源にすべく頑張ってほしいと心から願っています。

キャラを考えてくれ（笑）。

英語できないやつは落ちるぞ！　お前らしっかりやれ!!

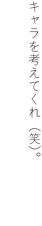

英語を習慣化する

一般的な英語の授業というと、どのようなものをイメージしますか？

高1で文法を学習し、高2で英文解釈や短い長文読解、高3では長文読解用のテキストが与えられ、毎回の授業で入試問題を解いていく。英単語やリスニング、英作文に関しては自学自習で勉強する。そういう人がほとんどだと思います。

英語の2次試験を見てみると、ほとんどの大学が「長文読解」「和訳」「英作文」で構成されており、特に長文読解に高い配点が与えられています。受験生になると授業で「長文読解」がメインで扱われる理由はここから来ているのでしょう。

しかしながら、2021年から始まる共通テストでは、リーディングとリスニングが100点ずつになり、リスニングの重要性が高まってきているのも事実です。これが現在の「受験英語」の特徴です。


そこで、みなさんに質問です。この受験英語を攻略して合格点を取るために何が最も重要だと思いますか？

英単語を4000語覚えること？

難しい長文だけをひたすら毎日読み続けること？

長くて速いリスニングの音声を聞き続けること？

迷いますよね。もちろん、全て不正解ではありません。どれも無駄なことではないからです。

でも、全部を完璧にやろうとすると、英語に莫大な時間と労力を使わなければいけなくなります。

僕なら、こう答えます。**「優先順位を決めて、英語を習慣化すること」**。実際、東大に合格した同期の話を聞いてみても、ほとんどの人が「優先順位」と「習慣化」の重要性を語っていました。

つまり、僕が受験生に戻るなら、次の二つを必ず最初にやります。

① 実力が足りていない単元を認識して優先順位を立てる
② 毎日、英語に触れるためのルーティンを決める

英語は他の科目とは違い、1日の勉強時間の長さよりも、「毎日30分でもいいから英語に触れる時間を作る」ことが非常に大切です。

それではどうやって優先順位を決めて、英語を習慣化していくべきなのか？　具体的なスケジュールも含めて話していきます。

過去問で実力が足りていない単元を認識する

英語には大きく次の６つの単元があります。

・英単語・英熟語
・文法
・英文解釈（和訳）
・長文読解
・リスニング（会話表現）
・英作文（構文）

そしてこれらを図形にしてみると、次のようなフローチャートができます。

合格までの英語の単元別フローチャート

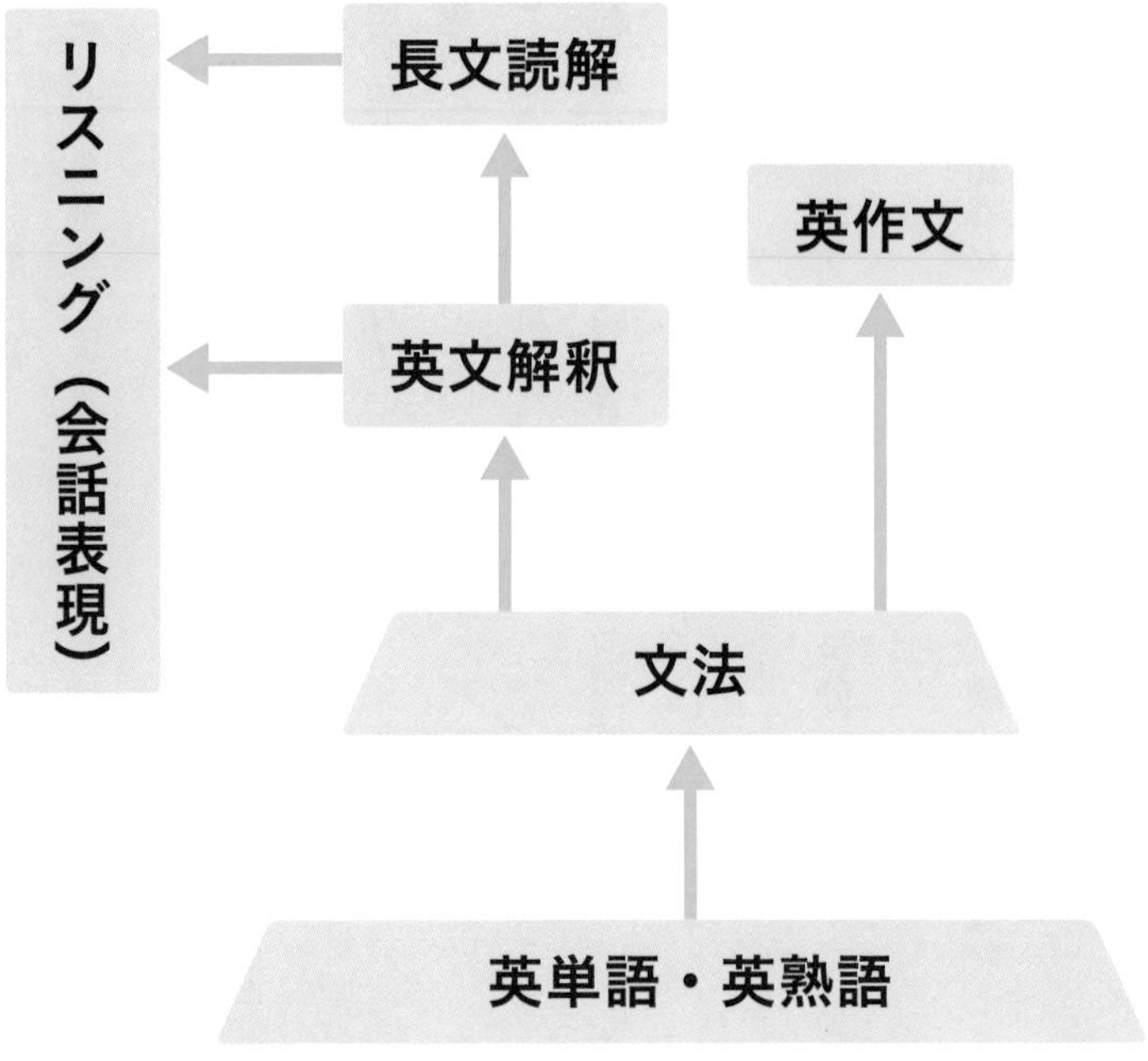

一番危険な勉強法は、長文読解に苦手意識がある受験生が、点数が取れないからといって、難しい長文を1日1長文読み進めるようなことです。

長文が読めない原因は、ほとんどが次の5つのケースのどれかです。

①英単語・英熟語の語彙力が足りていない
②基本的な文法事項が分かっていない
③英文解釈があやふや（文構造が取れないなど）
④文と文のつながりや役割が意識できていない（論理読解）
⑤段落ごとの筆者の主張や全体のテーマをつかめていない

苦手だからといって長文ばかり読むのではなく、自分に何が足りていないかを分析して把握する必要があります。

苦手な単元は何なのかを知るためには、「センター試験の過去問（マーク模試）」「河合塾の全統記述模試」の結果を見ることが非常に有益です。

２０２1年からセンター試験が共通テストに変わり、文法単独の問題がなくなりましたが、文法問題の実力を知るためのツールとしてセンター試験の過去問「第2問（文法）」はやはり有用だと思います。解いたことがない人は、制限時間を10分程度にして解いてみてください。

正解が7割以下の場合は、文法の苦手分野を潰す必要があります。

ただし満点を取るまで文法を勉強する必要はありません。だいたい7～8割取れるようになれば、そこまで気にしなくてＯＫです。

可能ならセンター試験の長文問題も解いてみてください。英単語帳を1冊終わらせている人にとっては、出てくる単語は難しくないはずです。

しかし、英単語帳をあまりやっていない人（例えば高校1年生）にとっては、センター試験の長文は難しいと感じるか、時間内に終わらないでしょう。その場合は、例えば英単語帳で「毎日30単語を進める」などの目標を立てると良いと思います。そうして、少しずつでもいいので英語を習慣にしていきましょう。

河合塾の全統記述模試の成績も同様に活用します。英単語や文法事項はできているけれど、長文読解の和訳で点数が取れていない場合は、英文解釈の演習を積む必要があります。

とにかく「自分に足りていない単元」を認識して、時期ごとに目標を立てることがおすすめです。

次に、僕がやってきた単元ごとの勉強法と参考書についてお話しします。あくまでも一例ですが、優先順位が高い単元から、さっそく習慣化させていってください。

具体的な学習方法

英単語

僕は、100単語を覚えようと思った時、「ていねいに1時間で1周する」よりも「大まかでいいので1時間で5周する」ことを目標にしていました。特に、基本的な英単語を覚えるために大切なのは、質よりも「頻度」だからです。最初は全部の訳を覚えようとしなくてもいいので、見返す回数を増やすのがポイントです。

単語帳の例文はあくまで参考程度にして、最初に覚える時は軽く眺める程度で大丈夫です。

ただし次のルールは必ず守ってください。

① 前日にやった単語の復習は絶対に行う

例えば、夜に覚えた単語なら、翌日の朝食前の10分間や、登下校中に歩きながらでいいので「思い出す」回数を増やしていきましょう。知識を定着するためには「想起」が最も大切です。

復習の際には、CDやスマホアプリなどを使って「耳から」音情報として繰り返し聴いていました。繰り返し発音しながら覚えると、リスニングとの相乗効果も自然と得られます。

② 1日50～100単語に触れるのが理想

最初の頃は、1日10～20単語ずつのペースでは単語帳を最後まで終えるのに日数がかかりすぎて、進んだ時に最初のほうの単語は覚えていない、ということがよくありました。

大まかでも良いので1日に触れる単語数を増やし、1週間ごとの目標、1か月ごとの目標を立てるとうまくいきます。

この時、1日ごとにどのように進めるかが非常に大事です。例えば1週間で300単語を覚えるという目標を立て、7日目に単語テストを行う場合、次の2パターンが考えられます。
・1日で50単語ずつ覚えていき、6日目に300単語全部終わらせる。7日目に1～300単語のテスト。
・1日目に1～100単語を覚えて、2日目は、1～100単語の復習＋101～200単語、3日目は、2日目の復習＋201〜300単語、4日目は、3日目の復習＋1〜100単語の復習、5日目は、4日目の復習＋101〜200単語の復習、6日目は、5日目の復習＋201〜300単語の復習、7日目に1〜300単語のテスト。

前者と後者を比べてみると、7日目のテストの結果は明らかに後者のほうが高くなる確率が高いです。これこそが英単語の勉強法！　**「頻度」と「復習」のサイクルを習慣化させることが大事です！**

ちなみに、7日目のテストは満点を取るまで繰り返し行う必要はありません。7〜8割取れていれば合格です。間違えた問題は記憶により強く残ります。次のサイクルに活かしましょう。

スケジュールとしては、高3の5月、6月までには英単語帳（学校配布のものでも良い）の7〜8割を暗記できている状態が理想です。そこからレベルの高い英単語帳に取りかかってもいいし、そのまま同じ英単語帳を極めるのも有効です。

スマホアプリや単語ノートなどを使って、朝食前の10分間や通学時間を利用し、定期的に何回も見返してください。

英熟語も忘れずに。僕は、英単語帳に載っているものを同時に覚えていましたが、これはとてもおすすめです。

とにかく、入試1か月前ぐらいまでは毎日英単語に触れることが重要です。2周目、3周目と進み、自分の英語力に自信がついたら頻度を落としてもいいと思います。

文法

前述したように、センター試験の過去問で自分の実力を定期的に測定してください。**遅くとも高3の夏前には文法問題集が7～8割解けることを目標にする**と良いと思います。夏休み以降に文法に力を入れるのはナンセンスです。僕は、文法問題集を何周も行う必要はないと思い、夏休み以降は、長文問題や和訳など実践的な問題をベースにして、分からない文法事項が出た場合は解説書に戻っていました。

英文解釈

長文読解や英作文の土台となるスキルです。高3の夏休みまでに英文解釈の参考書を1冊終わらせてください。

単に英単語を日本語に訳すことが英文解釈ではないと思ったため、僕は英文の構造をきちんと把握することに重点を置いて勉強していました。そのためには参考書で勉強する時に意識すべきことが二つあります。

① 文構造を口頭で説明する
② 見抜きにくい構文のパターンを知る

実際の入試問題の和訳問題を解く時にも、「英文の構造を理解していない日本語」では大幅に減点されます。自分では構造を理解していたとしても、それが伝わる日本語で書かないと減点される可能性もあります。

勉強する際はただなんとなく訳して終わりではなく、自分で和訳を作ったら解説書の和訳例と比較して、「具体的にどの部分の表現が違うのか」、構文ごとに「どのように日本語で書くべきか」など徹底的に分析しましょう。

和訳は安定した得点源になりますし、長文読解でも活用できます。

長文読解

英単語・英熟語の語彙力が上がり、文法もできるようになって、構文の解釈ができるようになったら、早めに長文読解に移るのがおすすめです。

一番やってはいけないのは、夏休みまで文法を必死に固めて、秋に初めて長文読解に触れることです。教え子にもこのタイプがいましたが、これでは長文読解の演習量が全然足りません。まずは簡単な長文でいいので1冊参考書を購入し、遅くとも夏休みからは1日1長文を行うようにしましょう。

そして秋からは志望校の過去問に取り組み、11月の大学別模試に合わせて進めます。

長文読解で一番重要なのは「解いた後の復習」です。特に、僕が意識してやっていて、全ての受験生におすすめなのが、必ず解いた後に長文の音読を行うことです。1、2回目は和訳も横に置き、意味が取れないところをなくしながら、3、4回目は本文全体の流れを意識しながら音読します。

こうした音読を習慣にしていると、次のようなスキルが自然とついてきます。

・英語→日本語で理解するのではなく、英語のまま理解できる力（速読力やリスニング）
・長文の流れから、論理的に予測できる力（文脈推測）

面倒だと思ってやっていない人と、習慣化して毎日10分でも音読をしている人では、想像以上に実力差がつきます。まずは騙されたと思って1か月トライしてみてください。きっと1か月後には、自分の中に大きな変化が見られるはずです。

このような音読のやり方は、ＰＡＳＳＬＡＢＯの動画でも上げていますので、よければ参考にしてください。

ちなみに、どうしても短期集中して実力アップを目指す必要があるなら、自分の実力に合った英語長文を1日最低３つ読むこと（1長文５００語くらい相当）をおすすめします。

リスニング

リスニングは一朝一夕で伸びません。次の①～⑤のステップでやっていきましょう。

① 「これ以上聞いても分からない」というところまで繰り返し聞く（3、4回）
② 本文を見ながら1回聞く
③ 本文を丹念に読んで理解する
④ 「英語がダイレクトに頭に入ってくるまで」かつ「聞き取れないところがなくなるまで」繰り返し聞く（2、3回）
⑤ シャドーイングやディクテーションもセットで行う

ここから分かる通り、1、2回聞くだけではなんの効果もありません。耳や頭に染み込むまで同じものを最低5回は聞くようにします。

余裕がある人は、英語のスピーチを「字幕あり」で見ながら、話者に合わせて、自分も話者になりきってスピーチするのも効果的です。

高3の秋までは、学校で配られるリスニング教材を家でも再度聞き直すこと。それ以外にも、共通テストのリスニングに特化した参考書を1冊終わらせておくと良いでしょう。繰り返しますが、シャドーイングやディクテーションもセットで行ってください。

ただし、東大、東京外大（東京外国語大学）、阪大（大阪大学）外国語学部を狙う人は高3の春から対策が必要です。

『灘高キムタツの東大英語リスニング（白、赤）』など、自分の興味に合わせてこのような英語教材に当たってください。

高3の秋から受験までは、センターの過去問、共通テストの予想問題で演習を積みましょう。特に、東大、東京外大、阪大外国語学部を狙う人は志望校の過去問を解きまくることが重要です。

余裕があれば『TED Talks』の動画もおすすめです。リスニングと長文の速読スキルは比例して伸びるので、英語の総合力が上がる最高の武器になります。

コラム 高1・高2のリスニング対策

「共通テストに向けて早めにリスニングの対策をしたい」という高1や高2の人も多いと思います。

でも、リーディングのレベルが上がってくるにつれてリスニングもある程度までは聞けるようになります。高1や高2の間はリーディングの勉強をしながら、音読で英語のリズムをつかんだり、発音を意識しながら単語を覚えたりすることが、まずは重要です。

自分のレベルに合った英検のリスニング問題集でトレーニングするのもおすすめですが、とにかくこの段階では「できるだけ早く確実に読める」ようになるための訓練を意識的に行ってください。

英作文

英作文の勉強法は、とにかく英文法の問題集を解きながら問題の文を暗記していくこと。『英語の構文150』や『英語構文基本300選』などを利用して、**典型的な例文を暗記することが英作文上達の近道です。**

例文暗記が終わったら、英作文の書き方系の参考書を何か1冊終わらせて、それを神格化して何周もしてください。

英作文を得点源にするためには、やはり例文暗記するだけで終わらず、実際に書いてみることが重要です。特に自由英作文が出題される大学は、過去問を行う際に学校や塾の先生に添削してもらうようにしましょう。

英作文を書く時に意識すべきポイントは三つです。

① できるだけ簡単な英語で書くこと
② 減点されない英作文を書くこと
③ テンプレートや得意パターンを作ること

特に②は添削してもらって自分のケアレスミスを把握するようにしましょう。そうしていくうちに模試や入試本番で見直しをする際の「自分流のルール」ができてきます。

また、これに加えて和文英訳の場合は**「難しい日本語を簡単な日本語に直す」**作業が必要です。例えば「東大生は服に無頓着だ」という日本語を英語に直す時、絶対に英単語力で勝負しないでください。「無頓着」という英単語を辞書で調べるのではなく、まずはシンプルな日本語に直します。例えば「興味がない」と言い換えると、be interested in という表現を使ってシンプルな英語で書くことができます。

特に秋からは過去問を通して志望校で出題される形式を見て、繰り返し問題演習していきます。添削してもらったら自分の表現と解答の表現を比較して、使えそうな表現や構文をストックしていきましょう。

おすすめの参考書

《文法》

・『Ｎｅｘｔ Ｓｔａｇｅ英文法・語法問題―入試英語頻出ポイント２１８の征服』（瓜生豊、篠田重晃、桐原書店）

高1や高2で基礎的な文法を習っている人が、復習やアウトプットとして活用するのに適した教材です。センター試験レベルから早慶レベルまで揃っています。基本的には全て解く必要はなく「文法」と「語法」をメインで進めましょう。「イディオム」は英熟語が不安な人は確認のために使うことをおすすめします（頑張れば10時間で1周終わります。動画で実践済み）。

《英文解釈》

- 『基礎英文解釈の技術100』（桑原信淑、桐原書店）
- 『ポレポレ英文読解プロセス50』（西きょうじ、代々木ライブラリー）

英文解釈を初めて勉強する方は前者をおすすめします。解説が非常にていねいなので、あまり得意でない人も使いやすい参考書です。

一方で、難関大入試で出題される英文解釈を進めたい場合は後者をおすすめします。初見では「訳をとるのが難しい」文章が多いですが、まずは自分の力で訳してみて、解答例と比較しながら、自分が足りない知識や構文を確認しましょう。文章は50題しかないため、自分が勉強した文章は、何度も復習してくださいね。

《長文読解》

・『大学入試英語長文ハイパートレーニングレベル１　超基礎編』（安河内哲也、桐原書店）
・『やっておきたい英語長文５００』（杉山俊一、塚越友幸、山下博子、早﨑スザンヌ、河合出版）
・『英語長文問題精講－新装版』（中原道喜、旺文社）
・志望校以外の大学の英語赤本シリーズ（上智・早稲田など。教学社）

長文読解に特化した参考書を3冊、そして過去問を1冊挙げましたが、左に行くにつれてレベルが高くなるため、自分に適した参考書を一つ選んで、1日1題進めていきましょう。長文を解く際に意識すべき勉強法は、「分からない単語があってもすぐに辞書を見ずに、全体を捉えて予測する」ということです。自分で予測する癖をつけることで、たとえ予測を間違えていた

としても記憶に残る勉強になるため、日頃から意識していきましょう。英文解釈と同様に、音読は欠かさずに。

《リスニング》

・『灘高キムタツの東大英語リスニング』（木村達哉、アルク）

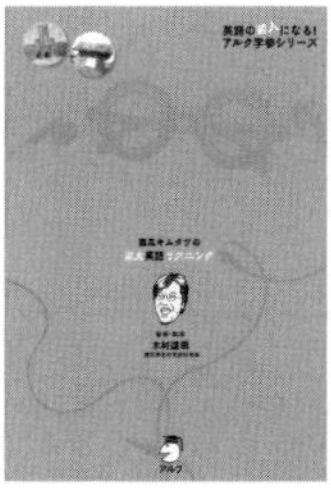

東大、東京外大、阪大外国語学部を狙う人はもちろん、それ以外の大学志望の人がやっても損がない教材です。高３の秋までに終わらせましょう。

・『TED Talks: The official TED guide to public speaking: Tips and tricks for giving unforgettable speeches and presentations』(Chris Anderson, Nicholas Brealey Publishing)

高３の秋から受験まで使えます。リスニングは何より「続けること」が大切です。通学時間や勉強の隙間時間に、自分が興味のある分野を聞くようにすることをおすすめします。

《英作文》

- 『英語の構文150 UPGRADED 99 Lessons』（鷹家秀史、美誠社）
- 『英語構文基本300選』（飯田康夫、駿台文庫）
- 『決定版　竹岡広信の英作文が面白いほど書ける本』（竹岡広信、KADOKAWA／中経出版）
- 『ドラゴン・イングリッシュ基本英文100』（竹岡広信、講談社）

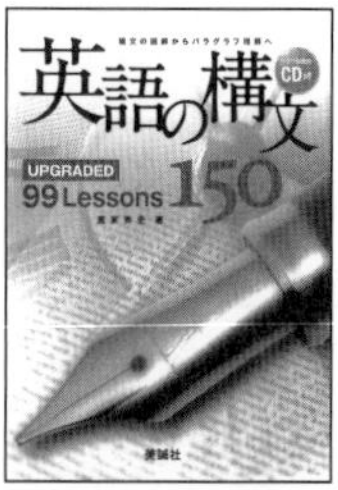

英作文で使用する単語や構文は実は限られています。難しい単語を使う必要はなく「いかにミスなく作れるか」が大事になってきます。おすすめとしては、この中のどれか1冊でも良いので、まずは参考書に出てくる構文を暗記することを優先しましょう。構文の引き出しが多ければ多いほど、志望校の過去問演習の際に「既存の定型文から、応用して作る」ことの大切さが分かるはずです。

難関大受験生の英語攻略スケジュール

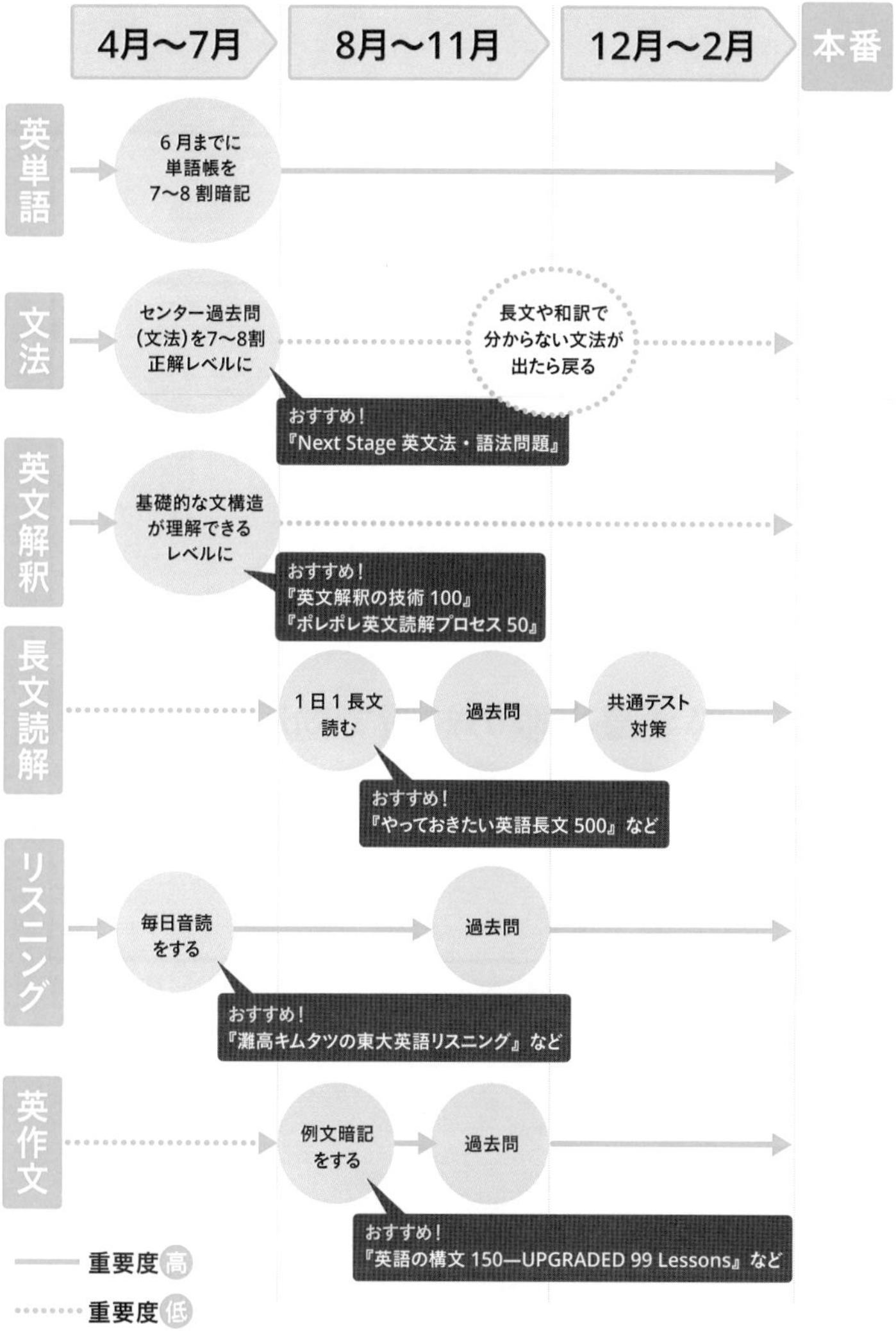

4月〜7月
8月〜11月
12月〜2月
本番
英単語
6月までに単語帳を7〜8割暗記
文法
センター過去問(文法)を7〜8割正解レベルに
長文や和訳で分からない文法が出たら戻る
おすすめ！『Next Stage 英文法・語法問題』
英文解釈
基礎的な文構造が理解できるレベルに
おすすめ！『英文解釈の技術 100』『ポレポレ英文読解プロセス 50』
長文読解
1日1長文読む
過去問
共通テスト対策
おすすめ！『やっておきたい英語長文 500』など
リスニング
毎日音読をする
過去問
おすすめ！『灘高キムタツの東大英語リスニング』など
英作文
例文暗記をする
過去問
おすすめ！『英語の構文 150—UPGRADED 99 Lessons』など
重要度高
重要度低

Ⅳ

国語

必要最小限の対策で効率良く
点数を伸ばせる科目

ここから国語（現代文・古文・漢文）について述べていきたい。

現代文っぽいですね、口調（笑）。

しかし、語ることは何もないのである。

急な逆接！（笑）。

ふざけるのはここまでにして、国語って成長を感じづらい科目だよね。

うん、何をやればいいのか現役の頃はさっぱりだった。

教わる先生によって現代文は型が変わりますよね。

その先生以外の型への拒絶反応がすごいよね、現代文。

先生変わると「前の先生はこう言ってたのに」ってなりますね（笑）。

くぁないはどういう型だったの？

現役の頃は「前後で解ける！」ってタイプだったかなー。

浪人の頃はどうなんです？

そのテーマをしっかり理解＋言葉をしっかり押さえる。

結果、どちらが好きなの？

まあ、伸びたのは浪人だから後者かな！

自分はどちらかと言うと、前者タイプだったかなー。

天彗さんは点数特化型ですね。

浪人は時間に余裕あるから本質型（学問的）が有効だったのかも。

でも、経験積んでいけば大体こういうこと言いたいのかって……

分かるようにはなるね、そのテーマの論点は似たり寄ったりだし。

同工異曲ってやつですね。筆者が変わっても内容は同じ！

効率良く点数を伸ばすために

現代文

みなさんは現代文についてどのような印象を持っているでしょうか。「なんでも正解でいいのでは？」「出題者の主観じゃないか」「恣意的なテストだ！」そう感じている人もいるかもしれません。

でも、もしそうなら入学試験でわざわざ受験科目として課されません！　各大学の個別入試のみならず、共通テストで受験科目となっているのです。大学側が受験生に一定の能力を求めていることは間違いありません。

とはいえ、マーク式試験は別として、記述式では明確な答えを知ることが困難で、成績の伸びが把握しづらい、具体的な対策法が分からないと感じる受験生は多いと思います。僕もそうでした。

しかし、わざわざ試験科目として課されるのだから、必ず大学側の意図があるはずです。そして、そこから逆に考えれば具体的な対策法が見出せます。

現代文とは嚙み砕いて言えば**「出題者の理解を、受験者が自分の言葉で説明する科目」**です。

「え？　じゃあ、やっぱり出題者の主観に基づく恣意的なテストじゃないか」そう感じますか？

考えてみてください。出題者となる大学教授はとても優秀です。どんな文献でも正確に理解することができます。そんな大学教授の理解に合わせていくわけなので、間接的に感じるかもしれませんが、文章理解度を問うことが可能となっているのです！

大学の勉強では難しい用語が飛び交ったり、難解な文献を読んだりすることが多々あります。それについていくために「我々の大学ではこの程度の力が必要です」という大学からのメッセージだと捉えてください。

具体的な対策としては、やはり過去問がベースとなります。特に、過去問の中でも二つの側面で考える必要があります。

まずは基本的な力が問われるセンター試験レベルの問題（共通テストの試行調査の問題も）を確実に解けるようにすること。その上で、自分の志望する大学の問題を解けるようにすることが大切です。

その過去問を解くための力として、基礎的な読解力と基礎的な語彙力が必要になってきます。これは評論だろうと小説だろうと大きく変わりません。

僕は、次のような順序で対策をしていったところ、良い成績をキープすることができました。

①まずは、基礎的な読解力と基礎的な語彙力を身につける
②次に、センター試験の問題（共通テストの試行調査）を使って演習を重ねる
③最後に、志望する大学の過去問を使った演習を重ねる

古文・漢文

古典は「〝何となく〟で解釈するもの」と思っている人が多い科目です。確かに、現代語に近い意味の単語もあるので〝何となく〟で読めないこともありませんが、実際は現在の日本語と違う意味で使われる単語が多くあり、こちらのほうがよく問題として問われます。

僕は、古典はもはや日本語ではなく外国語と捉えています。外国語、つまり英語を勉強する時、単語暗記、文法暗記、解釈・読解練習をしますよね。古典も同じです。

古典は正しい勉強、正しい読み方をすれば、短期間に得点が伸びやすいので、実はコスパのいい科目です。

そもそも、国語が入試において極端に配点が高いことはまずないわけで、過度に時間を割くべきではありません。無理に参考書に手を出すのではなく、必要最小限の対策で効率良く点数

を伸ばしていきましょう。

センター模試の過去問にもむやみやたらに手を出すのは得策とは言えません。センター試験や志望校の過去問より、どうしても質が低下してしまうからです。

時間があるなら、センター模試の過去問ではなく、共通テスト対策の模試の問題を振り返っても良いですが、他の科目や配点との兼ね合いで慎重に戦略を立ててください。

これから述べるポイントをしっかり押さえながら勉強を進めることで、膨大な時間をかけなくてもしっかり点数を取ることができます。

具体的な学習方法

現代文

標準レベル

現代文を苦手とする人の多くは「文の意味が分からない」「言葉の意味が分からない」というケースです。つまり、**基礎的な読解力と語彙力を向上させる必要があります。**

高校1、2年のうちなら普段から評論や小説を読み、現代文単語帳的なものを使って語彙力増強に努めるのも良いですが、高校3年生と浪人生は受験まで時間がない中で読書をするのはナンセンスです。

過去問を使いながら読解力を高めていきましょう。また、現代文以外の受験科目の教科書を読むことでも読解力は磨かれるので、その方法もおすすめです。

基礎的な読解力と語彙力が身についたら読解演習に入ってください。

上級者レベル

現代文が得意な人、または基礎的読解力や基礎的語彙力が身についた人も、問題演習になるとポロポロと間違えたりします。それは「問題を解く」という基本作業に慣れていないためです。

そのような人は、**まずセンター試験の過去問（共通テストの試行調査）を用いて問題を解くことに慣れていきましょう。**センター試験の過去問はあらゆる大学の入試の基礎となる問題ばかりなので、さらに基礎力を磨くにはもってこいです。

私立大学志望で共通テストを使わない人でもセンター試験の過去問は解いてみることを強くおすすめします。

余裕があるなら、5年分くらいのセンター試験の問題を「選択肢を見ないで記述式形式で解いてみる」、これで基本的な記述対策ができます。答えは選択肢を見れば大体分かるので答え合わせもある程度できます。

これにも慣れたら自分の志望校の問題を解いてみて、どんどん問題に触れましょう。普段の演習から時間制限を意識することが望ましいです。

直前期はセンター試験の過去問、そしてセンター後は志望校の過去問を解けば十分だと思います。過去問ばかり解いて「直前期に素材がなくなるのでは？」と不安に思う人もいるかもしれませんが、追試等も合わせると膨大な素材があるので心配しないでください。

コラム　問題を解く時に気をつけること

マーク式は消去法で解かないようにします。つまり、記述問題を解くのと同じように解くのです。傍線部をしっかり分析した上で、出題者の要求に応えられているかを意識しながら、接続詞、キーワード、傍線部と同内容の表現を根拠にして選択肢を確認します。

例えば「どういうことか」の問題の場合は、自分の選んだ選択肢を傍線部に代入した時に、傍線部前後との整合性が担保されているかを確認しましょう。

「なぜか」を問う問題なら、「自分の選んだ選択肢に傍線部」という因果関係が成立しているかを確認します。

小説も基本的に評論と同じように読んでいきます。

記述式も、接続詞、キーワード、傍線部と同内容の表現などを根拠にして解答を作成します。出題者の要求にしっかりと応えられているのかにも注意しましょう。

古文

古文の基本的な勉強法にはポイントが三つあります。順番に押さえていきましょう。

① 古文単語を覚える

学校などの授業ではまず文法から習うので意外に思うかもしれませんね。でも、よく考えてみると、古文の文法も古文の単語が使われています。ということはつまり、いきなり最初から文法を勉強してもよく理解できないはずなので、先に単語を覚えるほうが効率的だと僕は思います。英語も文法を習う前にまずは英単語を覚えますよね。それと同じで、古文も「外国語」

ですから、まず押さえるべきなのは古文単語です。

②文法を押さえる

そして、単語をしっかり勉強してから文法を押さえます。そのほうが例文の意味がしっかり理解できるのでスムーズです。

その文法ですが、受験生の多くが助動詞、助詞でつまずきます。原因は曖昧に暗記をしているからです。では、どこに力を入れて暗記をすればいいのかというと、それは活用と接続です。

僕は、何度も繰り返し音読をし、何も見ずに活用表が書けるくらいまでやっていました。

③敬語の方向を特定する

徐々に長めの文章を読んでいくことになりますが、そこでよく間違えるのが敬語です。「尊敬語」「謙譲語」「丁寧語」の三つをしっかり分類することは当たり前で、その上で文章中では「誰から誰に敬意が向いているのか」を押さえることが得点を取る肝になります。

そのためには、毎回主語を補いながら読む。これだけです。このひと手間をかけるだけで古文の成績はぐんと変わります。

漢文

漢文は「共通テストしか使わない」「2次試験でも配点が低い」などの理由で、後回しにしたり、時間を割きたくない気持ちはとても分かります。僕もそうでした。

そこで、高得点を取るために最低限、何を勉強するべきかを三つのステップに分けて紹介します。

① 句形を覚える

漢文には特有の文法事項である句形があります。古文と比べるとかなり少なく、20個程度しかありません。なので、一度しっかり時間を取って句形を理解し、短い例文で音読しながら暗記してしまいましょう。

ある程度句形を身につけた段階で、長めの文章を読み始めてOKです。実践の中で学んでいきましょう。

② 白文で読む練習をする

白文とは、返り点や訓点などのない漢字だけの文です。その白文を見て、書き下し文にする練習をしましょう。

①で例文を音読しながら覚えるように伝えましたが、音読は白文のまま行い、しっかり書き下し文にできるまで読みましょう。

③ 漢文特有の単語を覚える

古文とは異なり、漢文特有の単語を覚えるのは最後にします。例えば、「白首」＝「老人」など現代語や古文でも出てこないような漢文特有の単語は少ないため、最後の追い込みで暗記すれば十分です。

おすすめの参考書

・センター試験（共通テスト）の過去問

苦手な人は、分からない単語が出てきたらストックしていきましょう。夏休み前まで、週1回程度取り組むのがベストです。

得意な人は、現代文は記述形式で解いてみてください。やはり夏休み前まで、志望校の過去問とどちらかを週1回程度取り組めばOKです。

直前期の共通テスト前は、時間を計りながら解きます。点数が伸びない場合は毎日取り組んでください。得意な人は週2～3回程度で良いでしょう。

・**志望校の過去問**

共通テスト後は、志望校の過去問を解きます。配点との兼ね合いによりますが、苦手な人は週2～3回程度、得意な人は週1回程度が目安です。

《古文》

・**『古文上達 基礎編―読解と演習45』**（仲光雄、Z会）

各単元の文法事項のまとめと読解がワンセットになっているため、学んだ文法事項をすぐに読解へと生かせ、文法事項が身につきやすいです。レベルとしてはセンター試験（共通テスト）～中堅私大レベルとなっているので、古文を勉強し始める人や苦手な人にかなりおすすめです。

《漢文》

・**『漢文早覚え速答法―共通テスト対応版』**（田中雄二、学研プラス）

漢文に登場する必須の句形が10個の公式に分けられています。練習問題や入試問題が各単元についており、学んだ句形をすぐに実践できるため、句形が身につきやすくなっています。1

冊に簡潔にまとまっているので、テスト前に何周も繰り返して学習できます。

《高1・高2向け》

早めの時期から少しずつ手をつけておくのも一つの作戦です。

- **『高校生のための現代思想エッセンス　ちくま評論選　二訂版』**（岩間輝生・坂口浩一・関口隆一・佐藤和夫編、筑摩書房）
- **『読解を深める現代文単語〈評論・小説〉改訂版』**（晴山亨・立川芳雄・菊川智子・川野一幸、桐原書店）

これで、基礎的読解力、基礎的語彙力を高められます。得意な人は、さらにセンターの過去問を記述形式で解いてみるのも効果的です。月1～2回程度、思い立ったタイミングで取り組めば良いでしょう。

難関大受験生の国語攻略スケジュール

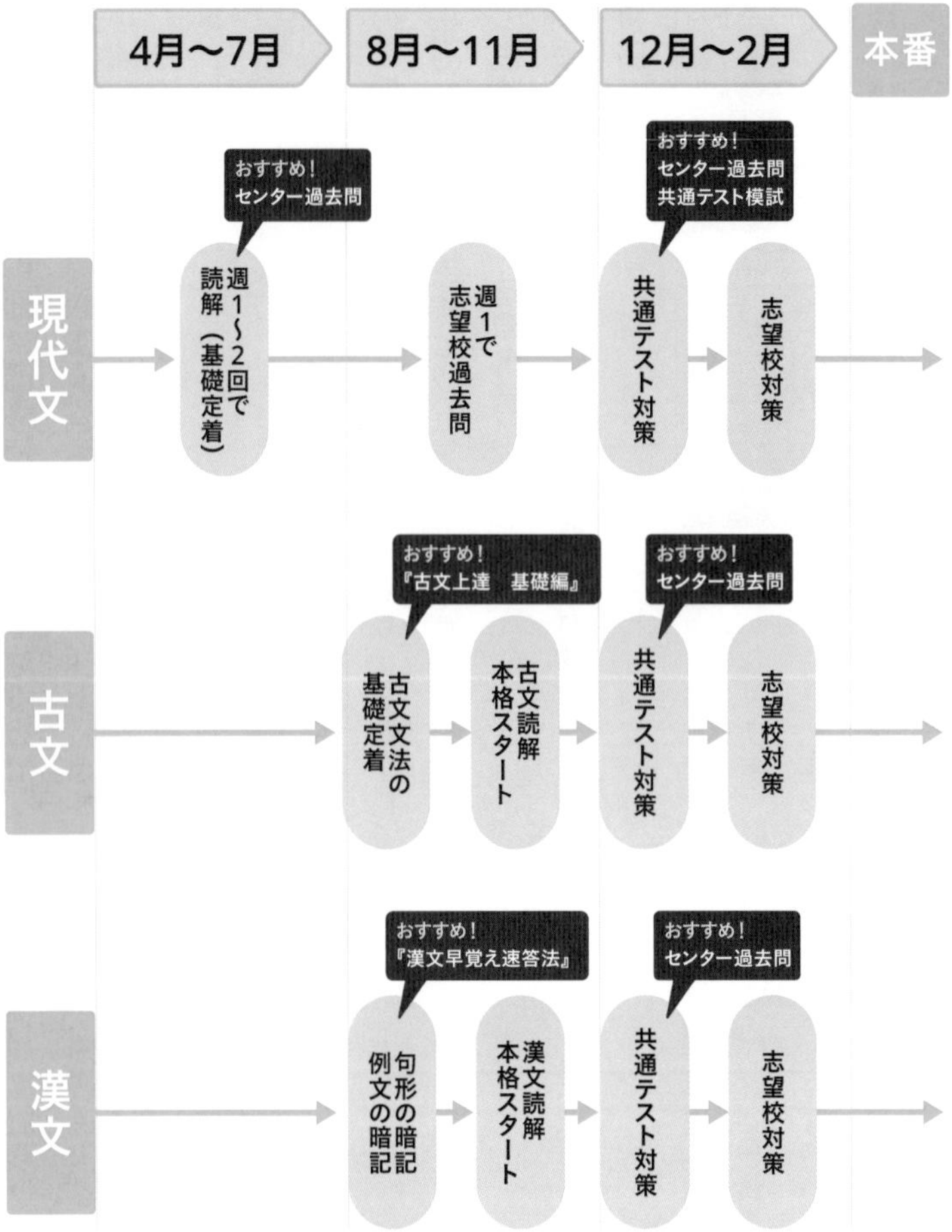
4月～7月
8月～11月
12月～2月
本番
現代文
おすすめ！
センター過去問
週1～2回で読解（基礎定着）
週1で志望校過去問
おすすめ！
センター過去問
共通テスト模試
共通テスト対策
志望校対策
古文
おすすめ！
『古文上達　基礎編』
古文文法の基礎定着
古文読解本格スタート
おすすめ！
センター過去問
共通テスト対策
志望校対策
漢文
おすすめ！
『漢文早覚え速答法』
句形の暗記例文の暗記
漢文読解本格スタート
おすすめ！
センター過去問
共通テスト対策
志望校対策

巻末
特別企画

みんなとシェアする『人生の目標』

ここまで、「超戦略的勉強法」の本質を余すところなく語ってきましたが、僕たちにできるのはここまでです。

そして次は、みなさんが行動する番です。

たとえ誰かに批判されたとしても、自分を信じて、悔いなく最後まで走り抜いてください。

実は出版の話をいただいた時から“みんなで創る本にしたい”という思いがありました。

そこで、自分を変えたいという熱い思いを持ち、志望校合格を本気で目指す大学受験生の人生の目標をSNSで募集しました。

次のページから、投稿していただいた方の中から192人の「人生の目標」を掲載しています。

ここには、全国の同志たちの覚悟が詰まっています。

みなさんは一人ではありません。

ぜひ今後の勉強のモチベーションにつなげてみてください。

大金持ちになって世界をかえる！！
高 1 ／ 横浜国立大学 ／ @3hYTnOa5RSMOwXb

教育学を学んで、教育先進国に留学して、日本の教育を変えることです！
高 2 ／ 東京大学文科二類 ／ @kurogoma_cl

自分の意見を全力でぶつける！ 高 3 ／ 明治大学 ／ @taiyo1018TG

自分にしかできないことをしつつ、人を笑顔にさせるようなことをする
高 1 ／ 東北大学 ／ @hmkn_bengak

獣医になる！ 高 3 ／ 山口大学 ／ @haruhi__0312

大人になっても学び続ける人でありたい
高 3 ／ 北海道大学 ／ @Takahashiyu_814

薬の研究をして平和に楽しく生きて幸せな気持ちで生涯を終えたい
高 2 ／ 大阪大学医学部医学科 ／ @uenokonata

コンピューターで新しい稼ぎかたをする！
高 3 ／ 大阪府立大学 ／ @shinolar0205

NHS（イギリス国営医療サービス）やオーストラリアで働きたい！
高 2 ／ 東京大学、ケンブリッジ大学 medic ／ @kotann920

自分が後悔しない人生を歩んでいきます！
高 3 ／ 新潟大学医学部 ／ @machan_moca0829

東大に入っていろいろな人を見てから航空管制官になること
高 2 ／ 東京大学文科一類 ／ @mathmathlike

天彗さんみたいに誰かの人生を変えられる人になりたい
高 2 ／ 大阪大学 ／ @simasimanoyuuka

自分のやりたいこと、自分が成長出来ることを全力で楽しみながらやりたい！
高 3 ／ 東京農工大学 ／ @_mynh02_

福島「愛」を叫びまくる日本縦断ヒッチハイクと世界一周を達成します！
高 3 ／ 早稲田大学社会科学部 ／ @yoshi___0816

友達の家族や友人に自慢できるような自分の意志を貫ける人になりたい！
高 2 ／ 明治大学 ／ @PRETZ2003

製薬会社で働いて、薬を作りたい 高 2 ／ 静岡県立大学薬学部 ／ @h4mutaroo

自分の周りの人や環境を利用して成長できる人になる
高 1 ／ 金沢大学 ／ @guaDlMG0Lz8qqB7

人生の目標	学年 ／ 志望校 ／ ツイッターのアカウント名
医者になって、大切な人の命を守る！助かるべき命を平等に助ける！	高 1 ／ 医学部 ／ @Embrace_rika
世界に触れて世界の広さを心から人に伝えられる人になりたい	高 2 ／ 千葉大学 ／ @Bm0j43utCfT5S30
人の幸せを全力でサポートできる職業に就きたい	高 2 ／ 東京大学 ／ @AyakaBenkyo
周りの誘惑に負けず、自分の意志を貫いて、勉強する！	高 1 ／ 愛媛大学教育学部 ／ @qk_neon
建築設計士になって海外に学校や役に立つ施設を作ることです！	高 2 ／ 大阪市立大学 ／ @mu_than
教育を変えるために教育を芯から学んで、日本の教育改革をしたい！	高 3 ／ 筑波大学 ／ @kankano0
高校の数学教員になって、たくさんの人に数学の素晴らしさを伝えたい！	浪人生 ／ 京都大学 ／ @SA9135281117
教師になって数学の魅力を伝えたい	高 1 ／ 東京大学 ／ @IHA_K8
色んな人と知り合って、学んで、色んな人を巻き込んでみんなと幸せになりたい	高 3 ／ 東京大学 ／ @jukensei_0808
自分で情報を取捨選択できるかつ、物事の上っ面だけでなく本質を見極められる人になる	高 1 ／ 東京大学理科一類 ／ @bawmxmath
大大大好きな化粧品の開発に自分が関わってどこかの誰かをキレイにする！	高 2 ／ 横浜国立大学 ／ @miu_integral
誰もが思いつくことではなく偉業を成し遂げて日本の偉人の 1 人になりたい	高 3 ／ 早稲田大学 ／ @KKslay4
生徒のことを一番に思い、多くの人から信頼・感謝される存在になる！	高 2 ／ 東京大学 ／ @koyu8313
外国産に負けない野菜の品種を開発する！	高 2 ／ 京都大学農学部 ／ @nghnt41
世界から貧困と虐待をなくす	高 2 ／ 東京工業大学 ／ @amiage_cos
後悔だけはしないように何事に対しても完全燃焼をするよう心がけている！	高 2 ／ 慶應義塾大学経済学部 ／ @0AqUd4EsXZrG8bi

この世界を笑顔で溢れるような世界にする　高２／東北大学／@AkisinTheta30

癌で苦しんでいる人を治療面、精神面でサポートしたい
高１／東京医科歯科大学医学部医学科／@8dQV4ujR36P4bBB

もっとフェアに自分の夢を目指せるような社会にしたい！
高３／慶應義塾大学／@HtsTaie

岩手をはじめとする医療格差が大きい地域の地域医療を牽引し、成立させること
高３／東北大学医学部医学科／@SAKUPAN3422

失敗やミスを素直に認め、次への糧に変える
高２／京都大学工学部／@shoin_study

障害などで夢を追いたくても追えない人や命を落としてしまう人を救うことです
高１／京都大学／@so_giveforyou

子供をバイリンガルにさせること！　高２／東京外国語大学／@hopeswithluv

自分の好きなことをとにかく極める！　高２／東京工業大学／@i_ce_study

難病で苦しんでいる人を治療し、「障害のある人でも生活しやすい」社会を作る
高１／東京大学理科三類 or 京都大学医学部／@piyopiyo_088

世界へ進出して、ルールや仕組みを操る側になる！
高１／東京大学理科一類／@mikan55992979

自分が一度決めたことは絶対にやり遂げる！
高１／金沢大学医薬保健学域薬学類／@ogisan160

数学を偏差値 68 にする！今までの自分を見返して絶対合格する！
高１／東京大学／@kiei_gm

全身全霊でその瞬間を楽しむ！いつでもアクティブ！
高３／北海道大学／@YuA65695942

障がいをもった方も健常者と同じ高いレベルの教育を受けられるような塾を作りたい！
高３／早稲田大学／@tmuy_10rel22

違う価値観の人達と触れ合いながら世界に関心を持ち、周りの人の役に立てるようになる
高２／大阪大学医学部医学科／@LABOhiro_idaho

人を笑顔にしたり、人の手助けになるものをプログラミングで作りたい
高３／明治大学総合数理学部／@Syunya040817

世界を驚かす発明をする
高2 ／ 東京工業大学 ／ @minibouya

周りに何を言われようが自分の目標のために全力を尽くす。例外は無い
高2 ／ 北海道大学歯学部 ／ @bibunmelanome

薬剤師になって、引退した時に『あの人がいて良かった』と言われる人間になりたい！
高1 ／ 岡山大学薬学部 ／ @ali_ce_chan

航空学科に入り、飛行機系の会社に入社して絶対墜落しない飛行機を実現する！
高1 ／ 東京大学理科一類 ／ @dkQRE1Yp85DElpe

テレビ局に入って世界中に希望と笑顔を届ける！
高2 ／ 名古屋大学 or 千葉大学 ／ @t__owa0_

医療用の機械を作って病気に苦しむ人を救いたい
高2 ／ 東京工業大学 ／ @QDrGNXUtyXtkJyo

沢山の言語を学んで現地の人と現地の言葉のみで会話をする世界一周旅行がしたいです！
高2 ／ 東京外国語大学 ／ @shuto0114yossy

誰もが居心地が良いと思えるような企業を作る
高2 ／ 東京大学理科二類 ／ @tamonten851

笑顔と幸せで溢れている世界を作る！
高2 ／ 京都大学 ／ @lemonfightstudy

気づいたら死んでたくらいの勢いで、毎日を自分の為にも誰かの為にも全力で生きる
高2 ／ 東京大学 ／ @st_aqok1

初志貫徹。努力を惜しまない
高2 ／ 京都大学 ／ @shusuke_ganbare

ボクの目標は「逍遥自在」です！そのためにまずは目先のことから目標への道標に！
高2 ／ 秋田大学医学部医学科 ／ @This_is_erutsu

一人でも多くの人を助けたい
高2 ／ 横浜市立大学 ／ @higashi05681723

数学の「面白さ」「楽しさ」を出来るだけ多くの方に伝える！
高3 ／ 東京大学 ／ @Chorus_DC

人望を得て、自らの研究を成功させる
高1 ／ 東京大学理科三類 ／ @kfwFHOVMLDICqEl

自分の中で限界を決めずに、最後まで諦めず物事を成し遂げる
高3 ／ 早稲田大学 ／ @positiveloto7

自分に嘘をつかないで正直に生きること
高1 ／ 東京大学 ／ @sion_qk

とれるもの、できること、全てを手に入れる
高 2 ／ 国公立 ／ @harutarou0206

精神科医になって、多くの方を笑顔に変えたい 高 1 ／ 未定 ／ @BfkSp

BMI や VR の研究をして仮想現実の技術を確立させたい！
高 3 ／ 東京工業大学 ／ @LitsutayaSA

小さい頃から好きだったことを好きで終わらせないためにレベルの高い所へ行く！
高 3 ／ 九州大学 ／ @kayafuuf

立派な法曹になって母校に胸像を造る！
高 2 ／ 一橋大学 ／ @X04RurDXPttyGEw

好きなことで食べていける人生にする 高 2 ／ 京都大学 ／ @pehande

教養があり、人の役に立つ東大卒情報科学系会社社長になる
高 1 ／ 東京大学教養学部 or 理科一類 ／ @7ka06356738

自分の信じた道を一生懸命生きて常に笑顔で胸を張って生きていく！
高 3 ／ 筑波大学 ／ @Gn8Xy

自分の力で周りの人を助けられるような存在になる
高 3 ／ 筑波大学 ／ @Kumagaya_hot

研究者になって、アレルギーマーチの進展を防ぐ方法を確立すること
高 1 ／ 東北大学 ／ @4eBV1kFTrUAnBiD

法務教官となって、人生のボタンを掛け違えた少年たちを更生させたいです
高 2 ／ 東京大学 ／ @haru99115960

初志貫徹。決めたことは貫き通す 高 1 ／ 旧帝国大学 ／ @Marrkkk111

クイズプレイヤーになり YouTuber としても活動してみんなを楽しませたい！
高 1 ／ 東京大学 ／ @minato8739

2020 年、医師ではない自分が悔しい。動け、世界が笑顔で溢れるように。
高 2 ／ 東京医科歯科大学医学部医学科 ／ @apecocopiyen

英語教師になって、いろんな人に英語の楽しさを伝える！
高 3 ／ 東京学芸大学 ／ @notsomuchAasB

一医療人として、世界中を飛び回って、たくさんの人々の手助けをする
浪人生 ／ 大阪大学 ／ @morikei_meat_w

SNS 上の誹謗中傷を無くして、少しでも平和な社会づくりに貢献したい！
高 2 ／ 名古屋大学 ／ @tabo_study

勉強の楽しさを世界に広げてこの社会をもっと発展させる！
高 1 ／ 京都教育大学 ／ @k4KMAumoRyyTgPZ

僕は将来動物と人間の命の価値は同じだと言うことを世界に発信していける人間になる
高 3 ／ 東京農工大学 ／ @YpObZSflaPnTdux

偏差値 53 から東大に行く！
高 1 ／ 東京大学 ／ @ken05708033

理三に行く、そして頭脳王で優勝したいです！
高 1 ／ 東京大学 ／ @RISANSIBOU

死ぬ時に「今世は本当にたくさん勉強したな」と思えるくらい、興味のある学問を究める
高 2 ／ 金沢大学医薬保健学域医学類 ／ @chal_yol

福島や放射線治療に悪いイメージを持つ人を減らし、心のケアもできる放射線技師になる
高 2 ／ 東北大学 ／ @i1QvUTc73nzEiqO

起業家になって、アフリカに学校を作るなどの社会貢献をする
高 2 ／ 東京大学文科三類 ／ @ryosei_grcrew

どんなに頭が悪くても諦めずに一生懸命やればなんでも出来るんだって証明してみせます！
高 2 ／ 東京医科大学 ／ @riruru_109_

教養のある人格者になりたい！
高 2 ／ 京都大学 ／ @Makuratote

努力に勝る天才なし。絶対に志望校に合格し自分の将来を金色に輝かせます！
高 1 ／ 東京大学 ／ @GL_asuka_89

自分の意見をハッキリと貫き通す、好感度と威厳を保つアナウンサーになる
高 3 ／ 慶應義塾大学 ／ @nayuyu_0904

数学嫌いな人を少なくしていきたい！
高 3 ／ 東北大学 ／ @huwattei3

生涯知を愛し続け、自分なりの哲学を見つけたい
高 2 ／ 京都大学 ／ @rarararara_ma

機械工学エンジニアになって、人々が心動かされるようなロボット、機械を開発する！
高 1 ／ 東京工業大学 ／ @roboconmann

僕は、数学の教師になります！生徒たちが「数学は面白い！」と思える授業をします！
高 3 ／ 東京都立大学 ／ @Shunta_54

後悔が残らないように何事も真剣に考える
高 1 ／ 弘前大学 or 東北大学 ／ @ZG0uEyMAcbAMnrs

人の役に立ち、みんなに信頼されるような人になりたい！
高 2 ／ 神戸大学 ／ @yumeoimushi_

自分の努力を人の為に使える人間になる
高１／京都大学医学部／@su_rumee

自分のしたことが誰かの役に立つことをしたい！
高２／東京大学／@YanaTen1209

人の人生を良い方向に手助けしていけるような人になる！
高１／九州大学／@7STWD7wMkoZeNFV

地方の魅力を世の中にもっと伝えて、過密過疎をなくす！
高１／京都大学／@Integra__Love

自分を信じて最後までやり遂げる　高３／自治医科大学／@moemoe_0117

世界中の人を笑顔にすること（本当の意味で）　高２／未定／@mari82878068

東大に合格し、教育の道に進み、宇佐見さんと一緒に仕事がしてみたい！
高２／東京大学／@daikukaiii

毎日新しいことにチャレンジする　高１／広島大学／@0261_mika_3

数学の本質と魅力をたくさんの人に伝える先生になる！
高２／名古屋大学／@sapphire809

考えて絶対医学部に受かる、そして大学生で誰もが知るアプリを作る。ワクワクを大切に！　高１／国立医学部／@QmN9f8

誰も見たことのない世界を見つける
高１／東京工業大学物質理工学院／@taikoshirokuma

多様性を受け入れる　高３／東京大学／@Ricky_ElecTrain

最期に後悔しない人生だったと本気で思えるようにする
浪人生／東京大学／@Kyo_u_ga_

色んな人に頼って貰えるような人になる　高１／大阪大学／@Taro_870

できること、やりたいことは全力でやり通してみせる
高３／宇都宮大学／@Aruta_Renne

限界突破！医師になる道へ進め！　高１／東京医科歯科大学／@bura_dada

医者になって母の病気を治したい　高３／千葉大学医学部／@n30369326

公認心理師の資格を取って、人の心の傷に向き合って自殺者を減らす手助けがしたい　高３／東京都立大学／@CryvoLm

人種や性別を気にしない新しいエンターテインメントを作って人と人の架け橋になりたい　高3／早稲田大学／@take_me_ryu

今の自分に満足しない　高3／名古屋大学／@ZvG1XjfRu0DN5Y1

世界で一番幸せになる。世界で一番、人を幸せにする　高2／未定／@ayk1_a

好きなものを好きだと大胆に言えて自分のありのままに大胆に行動できる人間になりたい！　高1／東京大学理科二類／@mazenda1254

死ぬ時に後悔はないっていえるような道を選ぶこと　浪人生／大阪大学／@chocon_integral

あらゆる国の言語や文化を学んで、国際連合に行って世界の様々な問題を解決したい！　高2／東京大学／@Jun41485260

幸せを幸せと思える人になる　浪人生／大阪大学／@hirorimen

社会に貢献し、死ぬ間際になって後悔のない人生を送る　高3／早稲田大学／@Shunta_KHS

自分がいることで世界が少しだけ変わる人間になる　高2／北海道大学総合理系／@aco_poke

明日死んでも後悔しない生き方をする。明日死なないように生きる　高1／東京大学／@Daiki Tsunetarou

いろいろな国の人と交流してその国の文化を知る！　高2／大阪大学 or 京都大学／@osaosa_150821

「ありがとう」を伝えることを大切にする！そして、たくさん言ってもらえる人になる！　高3／名古屋市立大学／@Ayaka1010_asy

海外で働く！！　高3／千葉大学／@Tsubasawing123

ずっと競争し続けられる相手を見つけること　高1／東京大学理科二類／@BeteranchuOta

難病の治療薬を開発する　高1／未定／@Kness00

教員になって青年海外協力隊の一員として子供たちに未来を与えること！　高3／信州大学／@Yunistudy

外交官になりたい！　高1／東京大学／@poppokeman

先進国と途上国との医療格差を無くすこと
高３／北里大学医学部医学科／@Endo_sakura_2

教育に関わって、生徒から主体的な学びをできるように生徒たちを変えること！
高２／未定／@HIRO2333673251

いろんな世界を回って、いろんな世界を経験して、大きい人間になる！
高３／大阪大学外国語学部／@ichiiii080352

周りがどうであれ自分は自分。周りに流されていては新しいことに挑戦できない
高３／名古屋大学／@17sakiya

周りから愛される存在になる！ 高１／未定／@yusuke_1113_

国連で働きたい 浪人生／国際教養大学／@nemuii0101

獣医になって、たくさんの動物を自分の手で救う
浪人生／岩手大学／@_ayanonn1

自分の言いなりにならない 高２／秋田大学医学部／@kushipon3

周りを笑顔にできる管理栄養士になる！
高１／お茶の水女子大学／@same3_haru

家族にいい家をプレゼントする 浪人生／旧帝大医学部／@wakaya111

人の心を思えるような人になる
浪人生／東京大学理科三類／@komachi_1102

物事を途中で諦めることが多かったのでやると決めたことを続けられる人になりたいです 浪人生／京都大学／@kyotouniv1

自分の意思を固め、周りの環境に依存せず自分を貫き通す
高１／東京大学／@no822rs

医者として働いて開業医になるための資金を貯めて地元の人が気軽に通える病院を作る！ 高１／札幌医科大学医学部医学科／@taitai92549113

東大と南極に行く！ 高３／東京大学／@LEAP_NOW_N

自分に厳しく他人に優しく。主体的で優しい人になる！
高２／名古屋大学／@karukarukaruter

自分で決めたことは何があっても最後まで諦めない！
高３／神戸大学／@kanato2237

他己的「良い人生」を脱して自己的「常に超満足な人生」で自分を顧みる
高２／千葉大学／@araarayuzz

生徒の気持ちを理解できない教師を教師にさせないような教育を作る
浪人生／九州大学教育学部／@Perfupanda_Xs

ここまで女手ひとつで育ててくれて、お世話になりっぱなしの母親に恩返しする
高２／京都大学／@Hoei_honest

将来、教師としてこどもたちの成長を支えられるよう、学び続けることを忘れない！
高３／東京学芸大学／@light56_sekibun

品種改良で世界から飢餓を無くしたい
高３／京都工芸繊維大学／@X5fH6SSRUFeDFar

人間として憧れ、尊敬していた中学の時の先生のような、中学校教師になる！
高２／福岡教育大学／@you_zinsei

交通工学を学び、交通事故が起きないシステムを作る
浪人生／名古屋大学／@takkyu_love_

他の人と違っててもいいから必ず自分の意見を持つ、自分で考える
高２／未定／@mga_sekaowa

南極に行きたい
高２／九州大学／@hirntgsp

スポーツデータサイエンスを学んで大好きな横浜ベイスターズの勝利に貢献する！
高３／横浜市立大学／@kenta_bay_aoki

大学院まで犯罪心理学を学び、公認心理師の資格を取って、科学捜査研究所で働きたい
浪人生／筑波大学／@linaria01srk

自分が一番と思える人間になる！！
高３／神戸大学工学部／@kan0810tata

ドクターカーやドクターヘリをより一層広めて、医療格差をなくしたい
高２／国立医学部医学科／@study_toka

音楽従事者に特化した医者になって音楽に恩返しをする！
高２／横浜市立大学／@HN__fightmusic

レベルの高い所に行って人脈を広げて自分自身のレベルアップをする！
浪人生／同志社大学／@cocohorn0807

数学は難しくて面白くない物、と思っている人に数学の面白さ・楽しさを伝えること
高１／未定／@tsukutsuku2357

自分に自信を持つ！ 高2 ／ 北海道大学 ／ @Gq2iS

目の前のことに、一つ一つ、丁寧に向き合う。世界の宇宙開発をリードする
高3 ／ 東京大学理科一類 ／ @USB_sasapanda

世界に名を轟かすような会社を作り、歴史に名を残す
高2 ／ 東京大学 ／ @to4241

自分の道は自分で切り開く！ 高2 ／ 大阪大学 ／ @NKAITO19611738

薬剤師になって､引退した時に『あの人がいて良かった』と言われる人間になりたい！
高1 ／ 岡山大学薬学部 ／ @ali_ce_chan

世界一のゲームを作る 浪人生 ／ 京都大学 ／ @misodenrakuyaki

発達障害に負けない。できないならできないなりに、私に出来る工夫をする！
高3 ／ 大阪市立大学 ／ @megane_zatta

緩和ケアに携わる医師になることと、単親家庭や貧困家庭の子供の学習支援
浪人生 ／ 信州大学 ／ @SasakiAsari

※掲載している Twitter アカウント名は 2020 年 8 月現在のものであり、変更･削除となる場合があります。

たくさんの人の命を救い、たくさんの人に愛される医師になること
高1 ／ 東京大学理科三類 ／ @kamereonlover

やりたいことをやりたいようにやる！何より一瞬一瞬を楽しんで生きます！
高3 ／ 新潟大学 ／ @huzisakibossun3

一生隣にいたい人と結婚して知識や技術をずっと高める医者になって人の人生を変えたい 高1 ／ 広島大学医学部 ／ @hiyori_ot_0604

誰も思いつかないような興味深い研究をする
高1 ／ 東京理科大学 ／ @Liza64153573

学び続ける 浪人生 ／ 京都大学 ／ @iho_vf

大学への数学の学力コンテストに正解して、自分の名前を本に載せたい
高1 ／ 京都大学 ／ @A_HighSchoolST

無謀な夢なんてないって証明出来るような人生を送る
浪人生 ／ 慶應義塾大学 ／ @shompuu0125

日々学び、多くの人と出会い、多くの人の支えとなる
高3 ／ 神戸大学 ／ @ri_ku_ny

どんな人でも笑顔にすることのできるスーパーマンになること！
浪人生 ／ 北海道大学医学部医学科 ／ @n1rikostudy

人につくし、誰かの『憧れ』になれるような人になること！
高1 ／ 大阪大学 ／ @chiharu_7109

経営者になり、そのお金で保健所にいる犬などを保護する団体を作り殺処分件数を減らす 高3 ／ 早稲田大学商学部 ／ @zaki__toru_jsb

誰よりも幸せになって、周りも幸せにする 高2 ／ 金沢大学 ／ @study_rua

生徒が楽しんで受けられる授業が出来る教師になる
高1 ／ 東京大学 ／ @ruubikkyubu_qk

自分をきちんと理解した上で、まわりの人の欲望を満たしてあげられるようになりたい 高2 ／ 名古屋大学 ／ @YUKINE__hori

完全な男女平等を目指して壊れているこの世界を変える
高1 ／ 東京大学経済学部 ／ @may19955555

常に自分が好きな自分であり続けること
高1 ／ 東京医科歯科大学医学部医学科 ／ @taic_whales9

宇佐見天彗（うさみ・すばる）

1996年、香川県生まれ。高校入学時は最下位だったが、戦略を立てて勉強した結果、東京大学理科二類に現役合格。東京大学医学部医学科に進学後、医師国家試験に合格し、2020年3月卒業。自身の経験や「地方と都会の教育格差を無くしたい」という思いから、現在はYouTubeを通して勉強法や受験戦略を発信している。著書に『現役東大医学部生が教える最強の勉強法』（二見書房）がある。

▶ Twitter …………… @todai_igakubu

PASSLABO（パスラボ）

令和元年5月1日より、YouTubeを始動。約1年半でチャンネル登録者は20万人に。

平日は毎日、朝6時半に数学と英語をメインに投稿中。モットーは「1問から無数の学びを」

▶ YouTube ………… 「PASSLABO in 東大医学部発「朝10分」の受験勉強cafe」
▶ Twitter …………… @PASSLABO_STUDY
▶ Instagram ……… @passlabo_study

東大現役合格《とうだいげんえきごうかく》→トップ成績《せいせき》で医学部《いがくぶ》に進学《しんがく》した僕《ぼく》の

超《ちょう》戦略《せんりゃく》的《てき》勉強《べんきょう》法《ほう》

2020年9月25日　初版発行
2022年2月15日　再販発行

著者／宇佐見《うさみ》天彗《すばる》

協力／PASSLABO《パスラボ》

発行者／青柳昌行

発行／株式会社KADOKAWA
〒102-8177　東京都千代田区富士見2-13-3
電話　0570-002-301（ナビダイヤル）

印刷所／株式会社暁印刷

●お問い合わせ
https://www.kadokawa.co.jp/（「お問い合わせ」へお進みください）
※内容によっては、お答えできない場合があります。
※サポートは日本国内のみとさせていただきます。
※Japanese text only
定価はカバーに表示してあります。

ISBN 978-4-04-604842-4　C0095